REFERENZEN

Widmung

Dieses Buch ist den Pionieren der klinischen Mikrosysteme, Dr. Paul Batalden, Dr. Eugene Nelson, Dr. Julie Mohr, Dr. Marjorie Godfrey und den vielen anderen namhaften Wissenschaftlern in Dartmouth und darüber hinaus, gewidmet.

Ihre kollektive Weisheit, Ihr unermüdlicher Einsatz und Ihre transformative Führungsrolle haben die Grenzen der Gesundheitsversorgung immer wieder verschoben. Jeder von Ihnen hat mit seinen einzigartigen Einsichten und seinem unerschütterlichen Engagement wesentlich zur Gründung und Weiterentwicklung der klinischen Mikrosysteme beigetragen.

Dr. Batalden, Ihre Leidenschaft für kontinuierliche Verbesserung und Patientensicherheit hat die Gesundheitsversorgung revolutioniert und den Weg für zahlreiche Fortschritte in diesem Bereich geebnet.

Dr. Nelson, Ihr Fachwissen in der Patientenversorgung und Ihr innovativer Ansatz zur Messung der Qualität im Gesundheitswesen haben traditionelle Normen in Frage gestellt und zu einem tiefgreifenden Wandel in unserem Verständnis klinischer Mikrosysteme geführt.

Herr Dr. Mohr, Ihre durchdachten Einblicke in die Patientensicherheit und Ihre sorgfältige Forschung haben maßgeblich dazu beigetragen, dass wir die Komplexität der Gesundheitssysteme und ihre Auswirkungen auf die Patientenergebnisse verstehen.

Dr. Godfrey, Ihre führende Rolle bei der Entwicklung und Einführung von Mikrosystemen hat neue Perspektiven eröffnet, wie die Gesundheitsversorgung effizienter und patientenorientierter gestaltet werden kann.

Allen Wissenschaftlern in Dartmouth und allen, die unauslöschliche Beiträge zum Bereich der klinischen Mikrosysteme geleistet haben, sei gesagt, dass Ihre gemeinsamen Bemühungen ein effizienteres, patientenzentriertes und qualitativ hochwertiges Gesundheitssystem geformt haben und weiterhin formen werden.

Vorwort

Die Navigation im komplexen und dynamischen Bereich des Gesundheitswesens gleicht dem Segeln in unbekannten Gewässern. Die wechselnden Gezeiten des technologischen Fortschritts, der politischen Veränderungen und der Patientenbedürfnisse erfordern eine sich ständig anpassende Strategie. An der Spitze dieser herausfordernden, aber lohnenden Reise stehen die klinischen Mikrosysteme, in denen die Pflege in ihrer rohesten und tiefsten Form erbracht wird. Dieses Buch, "Leistungsfähige Teams im Gesundheitswesen" bietet einen aufschlussreichen Leitfaden für die komplizierten Abläufe in diesen zentralen Gesundheitseinrichtungen.

Die ersten Kapitel dieses umfassenden Textes befassen sich mit den grundlegenden Konzepten und führen den Leser in die Definition, Bedeutung und Rolle von klinischen Mikrosystemen im Gesundheitswesen ein. Wir befassen uns mit den wesentlichen Erfolgsfaktoren, die leistungsstarke klinische Mikrosysteme charakterisieren, und vermitteln ein differenziertes Verständnis der Führungsstrukturen, die sie leiten.

Führung ist kein allgemeingültiges Konzept, insbesondere im Kontext klinischer Mikrosysteme. Aus diesem Grund widmen wir den verschiedenen Führungstheorien und ihrer Anwendbarkeit in diesem Umfeld einen großen Teil unserer Diskussion. Von traditionellen Modellen bis hin zu neu aufkommenden Konzepten wie koproduzierter oder dyadischer Führung wird diese Erkundung von Führungsstilen den Lesern das Wissen vermitteln, um verschiedene Führungsansätze in ihren Mikrosystemen zu verstehen und potenziell umzusetzen.

Aufbauend auf diesem grundlegenden Wissen bietet das Buch einen Fahrplan für die Entwicklung der wichtigsten Führungskompetenzen, die für eine erfolgreiche Führung von Mikrosystemen erforderlich sind. Strategische Visionen,

Kommunikation, Teambildung, Konfliktlösung und kulturelle Kompetenz gehören zu den untersuchten Fähigkeiten, die jeweils wertvolle Werkzeuge für aktuelle und zukünftige Führungskräfte bieten.

Die folgenden Kapitel befassen sich eingehender mit den praktischen Aspekten der Führung in klinischen Mikrosystemen. Sie konzentrieren sich auf Themen wie strategische Planung, die Entwicklung leistungsstarker Teams, die Verbesserung der Patientenversorgung und das Management von Veränderungen - Elemente, die für die Aufrechterhaltung eines effektiven und effizienten Mikrosystems entscheidend sind.

Szenarien aus der realen Welt sind von unschätzbarem Wert für das Verständnis der praktischen Anwendung von Führungstheorien und -strategien. Daher haben wir ein Kapitel Fallstudien aus verschiedenen klinischen Mikrosystemen gewidmet, in denen sowohl erfolgreiche als auch weniger erfolgreiche Führungsbeispiele behandelt werden. Diese Fallstudien bieten eine praktische Linse, durch die die Leser die diskutierten Konzepte untersuchen können.

Als Nächstes werfen wir einen Blick in die Zukunft und untersuchen aufkommende Trends und Technologien und ihre Auswirkungen auf die Führung in klinischen Mikrosystemen. Mit unserem Blick auf die Zukunft der Führungsausbildung für Fachkräfte im Gesundheitswesen hoffen wir, die Leser dazu zu inspirieren, sich auf ihrem Weg zur Führungskraft kontinuierlich anzupassen und weiterzuentwickeln.

"Leistungsfähige Teams im Gesundheitswesen" ist mehr als nur ein Buch; es ist ein Kompass für die Navigation in der sich wandelnden Landschaft der Führungskräfte im Gesundheitswesen. Die Reise mag herausfordernd sein, aber die Belohnungen sind immens. Mit diesem Buch laden wir Sie ein, uns auf dieser Reise zu begleiten, um zu lernen, zu wachsen und das Gesundheitswesen zu verändern - ein Mikrosystem nach dem anderen.

Viel Spaß beim Lesen!

Thomas P. Huber, PhD, MS ECS

Einführung

Das Konzept der klinischen Mikrosysteme unterstreicht die Überzeugung, dass die Struktur und die Prozesse der Gesundheitsversorgung am besten auf der Ebene verstanden und verbessert werden können, auf der Patienten, Familien und Pflegeteams interagieren. Der Begriff "Mikrosystem" spiegelt diese Vorstellung von der kleinsten, reproduzierbaren Einheit (SRU)[1] innerhalb größerer Gesundheitssysteme wider.

Typischerweise ist es ein klinisches Mikrosystem:

- Besteht aus einer kleinen, voneinander abhängigen Gruppe von Personen, die regelmäßig zusammenarbeiten, um bestimmte Teilgruppen von Patienten zu versorgen.
- Hat klinische und geschäftliche Ziele, verknüpfte Prozesse und eine gemeinsame Informationsumgebung.
- Erzeugt Leistungsergebnisse, die gemessen werden, und Verbesserungen werden in iterativen Zyklen vorgenommen.
- Bietet eine Vielzahl von Informationen und Dienstleistungen für seine Mitarbeiter, einschließlich Feedback zu ihrer Arbeit, und eine Reihe von Informationen und Dienstleistungen für seine Patienten und Familien.

---

[1] Wir möchten Professor Brian James Quinn, dessen bahnbrechendes Konzept der "Smallest Replicable Unit" unser Verständnis von Gesundheitssystemen revolutioniert hat, unsere tiefste Dankbarkeit aussprechen. Seine aufschlussreiche Vision und sein umfassender Rahmen haben uns ein leistungsfähiges Instrument an die Hand gegeben, mit dem wir die Gesundheitsversorgung bis ins kleinste Detail analysieren und verbessern können, was einen nachhaltigen Einfluss auf die Qualität der Patientenversorgung weltweit hat.

Dabei kann es sich um eine Station, eine Klinik, eine Abteilung, ein Team oder eine kleine operative Einheit handeln, die Pflegeleistungen erbringt. Hier treffen Patienten, Familien und Pflegeteams aufeinander. Es ist auch der Ort, an dem das meiste Gesundheitspersonal arbeitet und an dem letztlich das gesamte Geld im Gesundheitswesen ausgegeben wird.

Was Dartmouths Ansatz der klinischen Mikrosysteme von anderen unterscheidet, ist die Konzentration auf die Versorgung an der Frontlinie, die eine spezifische, voneinander abhängige Gruppe von Mitarbeitern und Patienten als Kerneinheit für die Leistungsbewertung und -verbesserung umfasst. Anstatt sich ausschließlich auf Einzelpersonen oder die Gesamtorganisation zu konzentrieren, wird bei diesem Ansatz die entscheidende Rolle kleiner, funktionaler Einheiten an der Frontlinie, in denen Patienten und Pflegeteams interagieren, hervorgehoben und anerkannt, dass die eigentliche Arbeit im Gesundheitswesen in diesen Einheiten stattfindet. Um klinische Mikrosysteme effektiv zu implementieren und zu verbessern, legt Dartmouth den Schwerpunkt auf Schlüsselprinzipien wie das Verständnis der Systemleistung, die Entwicklung fähiger Prozesse, die Führung und die Bereitstellung der richtigen Informationen zur richtigen Zeit. Durch die Konzentration auf diese Prinzipien innerhalb des klinischen Mikrosystems ist es möglich, qualitativ hochwertige, effiziente und zufriedenstellende Pflegeerfahrungen zu schaffen.

Jedes klinische Mikrosystem hat eine einzigartige Zusammensetzung, die von einer Kombination verschiedener Elemente wie der Patientenpopulation, dem Versorgungsumfeld, den verfügbaren Ressourcen und den Fähigkeiten der Teammitglieder beeinflusst wird. Trotz dieser Unterschiede haben Studien bestimmte universelle Faktoren hervorgehoben, die wesentlich zum Erfolg eines jeden klinischen Mikrosystems beitragen. Hier sind einige dieser Faktoren im Einzelnen aufgeführt:

- Führung: Eine wirksame Führung ist von entscheidender Bedeutung, um das klinische Mikrosystem auf die festgelegten Ziele auszurichten. Führungskräfte müssen nicht nur in ihren klinischen Rollen kompetent sein, sondern auch Eigenschaften wie Einfühlungsvermögen, Belastbarkeit, Entscheidungsfähigkeit und die Fähigkeit, Teammitglieder zu inspirieren und zu motivieren, aufweisen. Sie sollten sich im Veränderungsmanagement auskennen und eine Kultur der kontinuierlichen Verbesserung fördern.

- Interdependenz: Klinische Mikrosysteme leben von der Synergie zwischen ihren Mitgliedern. Es ist ein hohes Maß an Interdependenz erwünscht, bei dem jedes Mitglied seine Rolle versteht, die Rollen der anderen schätzt und kooperativ arbeitet, um eine patientenzentrierte Versorgung zu gewährleisten. Diese gegenseitige Abhängigkeit kann die Kommunikation verbessern, Fehler reduzieren und die Patientenzufriedenheit erhöhen.

- Klare Ziele und Zielsetzungen: Jedes klinische Mikrosystem braucht klar formulierte Ziele, die sich an den Zielen des übergeordneten Gesundheitssystems orientieren. Diese Ziele können Patientenergebnisse, Sicherheit, Qualitätsverbesserung und Kosteneffizienz umfassen. Klare Ziele geben eine Richtung vor und dienen als Maßstab, an dem der Fortschritt des Mikrosystems gemessen werden kann.

- Ausbildung und Schulung: Kontinuierliche Aus- und Weiterbildung sind entscheidend für die Aufrechterhaltung und Verbesserung des Versorgungsniveaus. Solche Programme helfen den Teammitgliedern, sich über aktuelle Best Practices auf dem Laufenden zu halten, sich an neue Technologien und Methoden anzupassen und die für eine kontinuierliche Verbesserung erforderlichen Fähigkeiten zu entwickeln.

- Effektive Nutzung von Daten: Ein erfolgreiches klinisches Mikrosystem stützt sich auf Daten als Grundlage für seine Praktiken. Dazu gehört die Sammlung, Analyse und Nutzung von Daten zur Leistungsmessung, Trenderkennung, Problemlösung und Entscheidungsfindung. Darüber hinaus kann Datentransparenz alle Mitglieder dazu befähigen, zu Initiativen zur Qualitätsverbesserung beizutragen.

- Patientenzentriertheit: Der Hauptzweck eines jeden klinischen Mikrosystems besteht darin, eine Versorgung zu bieten, die den Bedürfnissen und Präferenzen der Patienten entspricht. Dies kann erreicht werden, indem Patientenfeedback in Qualitätsverbesserungsprozesse einbezogen wird, eine effektive und einfühlsame Kommunikation sichergestellt wird und konzertierte Anstrengungen zur Verbesserung der Patientenerfahrung unternommen werden.

- Fähigkeit zur Innovation: Die Bereitschaft zur Innovation ist für klinische Mikrosysteme von entscheidender Bedeutung, damit sie sich mit der sich verändernden Gesundheitslandschaft weiterentwickeln können. Dies könnte die Einführung neuer Technologien, die Neugestaltung von Prozessen oder neue Ansätze für die Patientenversorgung beinhalten. Die Förderung der Kreativität kann zu besseren Lösungen führen und das Mikrosystem dynamisch und anpassungsfähig halten.

- Mentalität der Qualitätsverbesserung: Leistungsstarke klinische Mikrosysteme setzen auf eine Kultur der kontinuierlichen Verbesserung. Sie streben nach Spitzenleistungen, indem sie ihre Prozesse regelmäßig überprüfen und verfeinern, Feedback fördern, aus Fehlern lernen und Erfolge feiern.

- Fokus auf Gesundheitsergebnisse: Der Erfolg eines klinischen Mikrosystems lässt sich letztlich daran messen, wie es sich auf die Gesundheitsergebnisse der Patienten auswirkt. Dazu gehört die Verfolgung relevanter Ergebniskennzahlen, das Bestreben, unerwünschte Ereignisse zu minimieren, und die konsequente Bereitstellung einer evidenzbasierten Versorgung.

Klinische Mikrosysteme spielen eine zentrale Rolle in der Gesundheitsversorgung und wirken sich direkt auf die Qualität der Patientenversorgung, die Sicherheit und die Ergebnisse der Gesundheitsversorgung insgesamt aus. Sie bilden die Grundbausteine größerer Gesundheitssysteme, und ihre kollektive Leistung beeinflusst die Wirksamkeit des Gesamtsystems erheblich.

Im Folgenden wird kurz auf die Bedeutung und die vielseitige Rolle klinischer Mikrosysteme im Gesundheitswesen eingegangen.

1. Bereitstellung am Ort der Versorgung: Klinische Mikrosysteme stehen an der vordersten Front des Gesundheitswesens und bieten direkte Patientenversorgung. Sie bilden die Schnittstelle zwischen den Patienten und dem Gesundheitssystem. Die Interaktion und die Behandlung, die die Patienten auf dieser Ebene erhalten, haben einen großen Einfluss auf ihre Gesundheitsergebnisse und die gesamte Pflegeerfahrung.

2. Qualität und Sicherheit der Versorgung: Durch die Konzentration auf Verbesserungen auf der Ebene der Mikrosysteme können Gesundheitsorganisationen die Qualität und Sicherheit der Patientenversorgung direkt beeinflussen. Effiziente, leistungsstarke Mikrosysteme können medizinische Fehler reduzieren, die Variabilität in der Pflege minimieren und einen patientenzentrierten Pflegeansatz fördern.

3. Interdisziplinäre Zusammenarbeit: Klinische Mikrosysteme bringen verschiedene Fachkräfte des Gesundheitswesens

zusammen - Ärzte, Krankenschwestern, Apotheker, Therapeuten und andere. Dies fördert die interdisziplinäre Zusammenarbeit und Kommunikation, die für eine umfassende, ganzheitliche Patientenversorgung entscheidend sind.

4. Innovation und Anpassungsfähigkeit: Mikrosysteme sind oft beweglicher und anpassungsfähiger als größere Systeme. Sie können innovative Ideen, neue Technologien und Pflegemodelle schneller umsetzen und testen, was sie für die kontinuierliche Weiterentwicklung und Verbesserung des Gesundheitswesens unerlässlich macht.

5. Aus- und Weiterbildung: Mikrosysteme dienen als wichtige Lernumgebung für Fachkräfte im Gesundheitswesen. Sie bieten situationsbedingte Lernerfahrungen in Echtzeit und die Möglichkeit, Fähigkeiten in den Bereichen Teamarbeit, Führung und Qualitätsverbesserung zu entwickeln.

6. Ressourcenmanagement: Wirksame klinische Mikrosysteme können zu einem besseren Ressourcenmanagement beitragen, indem sie Arbeitsabläufe optimieren, Verschwendung reduzieren und die Produktivität steigern. Dies kann zu Kosteneinsparungen und verbesserter Effizienz führen.

7. Patientenzufriedenheit: Ein gut funktionierendes klinisches Mikrosystem kann die Patientenerfahrung erheblich verbessern. Effektive Kommunikation, koordinierte Versorgung und ein patientenzentrierter Ansatz können zu einer höheren Patientenzufriedenheit führen und die Einhaltung von Behandlungsplänen und Nachsorge fördern.

8. Datengestützte Verbesserung: Mikrosysteme erzeugen reichhaltige, detaillierte Daten über ihre Funktionsweise und die Ergebnisse für die Patienten. Wenn diese Daten effektiv genutzt werden, können sie zu Leistungsverbesserungen führen, die

Entscheidungsfindung unterstützen und die Entwicklung von Strategien leiten.

Die Anerkennung der Bedeutung klinischer Mikrosysteme und ihrer Rolle in der Gesundheitsversorgung untermauert die umfassenderen Bemühungen zur Verbesserung von Qualität, Sicherheit und Wert der Gesundheitsversorgung. Durch die Konzentration auf diese grundlegenden Einheiten können die Gesundheitssysteme gezielte und wirksame Verbesserungen erzielen, die sich auf die gesamte Systemebene auswirken. In den nächsten Kapiteln werden wir Strategien zur Nutzung des Potenzials klinischer Mikrosysteme und zur Überwindung allgemeiner Herausforderungen bei deren Umsetzung und Verbesserung untersuchen.

In klinischen Mikrosystemen spielt die Führung eine entscheidende Rolle, genau wie in jeder anderen Organisation auch. Diejenigen, die die Führung übernehmen, leiten das Mikrosystem auf seine Ziele hin und helfen bei der Bewältigung der zahlreichen Herausforderungen, die auf dem Weg dorthin auftreten können. Führungskräfte in einem klinischen Mikrosystem sind dafür verantwortlich, die Vision und die Richtung für ihre Teams festzulegen. Sie stimmen die Ziele des Mikrosystems sorgfältig auf die umfassenderen Ziele der Gesundheitsorganisation ab, zu der sie gehören. Diese Führungskräfte sind für die strategische Planung und Entscheidungsfindung von entscheidender Bedeutung und fungieren als Kompass für die Reise des Mikrosystems.

Eine der wichtigsten Aufgaben von Führungskräften in klinischen Mikrosystemen besteht darin, eine Kultur der Exzellenz zu fördern. Dies bedeutet, ein Umfeld des kontinuierlichen Lernens und der Verbesserung zu fördern, die Teammitglieder zu ermutigen, bestehende Praktiken zu hinterfragen, und den Innovationsgeist zu fördern. Die Führungskräfte müssen auch einen sicheren Raum schaffen, in dem Fehler nicht als Versagen, sondern als Lernmöglichkeit angesehen werden. Die Effektivität der Teamleistung in einem klinischen Mikrosystem ist eng mit der Qualität der Führung verbunden. Führungskräfte helfen dabei, Rollen zu definieren, Aufgaben zu delegieren und sicherzustellen, dass jedes Teammitglied seine individuelle Verantwortung versteht. Durch die Förderung eines Gefühls der Einheit und eines gemeinsamen Ziels können die Führungskräfte dazu beitragen, dass das Mikrosystem als kohäsive und kooperative Einheit funktioniert.

Qualität und Sicherheit stehen im Gesundheitswesen an erster Stelle, und die Verantwortlichen für klinische Mikrosysteme sind die Vorreiter für diese Standards. Sie sind für die Entwicklung, Umsetzung und Überwachung von Qualitätssicherungsmaßnahmen verantwortlich und setzen sich für Initiativen ein, die auf die Minimierung von Fehlern und die Maximierung der Patientensicherheit abzielen. In der sich ständig verändernden Landschaft des Gesundheitswesens ist ein effektives Veränderungsmanagement eine wichtige Führungsaufgabe. Führungskräfte leiten ihre Teams durch Prozessveränderungen, die Einführung neuer Technologien und Änderungen in der Gesundheitspolitik. Sie helfen den Teammitgliedern, die Gründe für die Veränderungen zu verstehen, und unterstützen sie bei den Übergängen.

Zu den Führungsaufgaben gehört auch die Rolle des Mentors. Führungskräfte erkennen die Stärken und Schwächen ihrer Teammitglieder und bieten ihnen Hilfestellung bei der beruflichen Weiterentwicklung. Durch die Förderung von Lern- und Wachstumsmöglichkeiten können Führungskräfte die Gesamtkompetenz des Mikrosystems verbessern. In Krisenzeiten oder bei Herausforderungen ist eine effektive Führung entscheidend. Führungskräfte geben die Richtung vor, verwalten die Ressourcen und sorgen für eine klare Kommunikation. Sie sind in der Lage, das Team auch in Situationen mit hohem Druck konzentriert und motiviert zu halten. Führungskräfte fungieren oft als Brücke zwischen dem klinischen Mikrosystem und externen Interessengruppen. Dazu können das Management der Gesundheitsorganisation im weiteren Sinne, andere Mikrosysteme oder Patienten und ihre Familien gehören. Sie stellen sicher, dass die Kommunikation klar, effektiv und zeitnah erfolgt, und verbessern so das Funktionieren des klinischen Mikrosystems insgesamt. Die Rolle einer Führungskraft in einem klinischen Mikrosystem ist zwar anspruchsvoll, aber auch sehr lohnend. Sie bietet die Möglichkeit, einen tiefgreifenden Einfluss auf die Patientenversorgung zu nehmen.

In den letzten Jahren hat ein stärker kooperatives und geteiltes Führungsmodell, das als *koproduzierte dyadische Führung*[2] bekannt ist, an Zugkraft gewonnen. Im Gegensatz zu den traditionellen hierarchischen Führungsmodellen betont die dyadische Führung das gegenseitige Engagement und die Zusammenarbeit und erkennt an, dass effektive Führung von mehr als einer Quelle ausgehen kann und sollte. Im Kern bezieht sich die koproduzierte dyadische Führung auf einen gemeinsamen, interaktiven Prozess, bei dem sowohl die Führungskraft als auch die Gefolgschaft die Führung mitgestalten und sich gegenseitig unterstützen. Es ist ein Ansatz, der den Wert gemeinsamer Entscheidungsfindung und geteilter Verantwortung anerkennt.

Im Zusammenhang mit klinischen Mikrosystemen könnte dyadische Führung bedeuten, dass sich zwei oder mehr Personen die Führungsaufgaben teilen. Dazu können ein Arzt und eine Krankenschwester, ein Gesundheitsmanager und ein Leistungserbringer oder sogar ein Patient und ein Leistungserbringer gehören. Jedes Mitglied dieser

---

[2] Siehe Huber, Thomas. *Koproduzierte dyadische Führung auf der Teamebene.* Lugano: Elevation Book Publishers. 2023 Erhältlich bei Apple Books und Amazon Kindle.

Führungsdynastie bringt einzigartige Fähigkeiten, Perspektiven und Kenntnisse in den Führungsprozess ein.

Die Vorteile einer koproduzierten Führung sind vielfältig:

Förderung von Zusammenarbeit und Teamwork: Koproduzierte Führung erfordert von Natur aus aktive Zusammenarbeit und Teamwork. Sie hilft, hierarchische Barrieren abzubauen und fördert ein Umfeld, in dem der Beitrag jedes Teammitglieds geschätzt wird.

Optimierte Entscheidungsfindung: Wenn mehrere Führungskräfte an der Entscheidungsfindung beteiligt sind, kann dies zu ausgewogeneren und umfassenderen Entscheidungen führen. Jede Führungskraft bringt ihre eigene Sichtweise und ihr Fachwissen ein und gewährleistet so ein umfassenderes Verständnis der jeweiligen Situation.

Erhöhtes Engagement und Zufriedenheit: In einem Modell der koproduzierten Führung berichten die Teammitglieder häufig über ein höheres Maß an Engagement und Zufriedenheit. Dies liegt daran, dass sie eine aktivere Rolle bei der Führung und Entscheidungsfindung spielen, was ihr Gefühl von Eigenverantwortung und Verantwortung stärken kann.

Widerstandsfähigkeit und Anpassungsfähigkeit: Dyadische Führung kann die Widerstandsfähigkeit und Anpassungsfähigkeit eines klinischen Mikrosystems verbessern. Bei geteilter Führung ist das Mikrosystem weniger abhängig von einer einzelnen Führungskraft, was die Anfälligkeit für Veränderungen in der Führung oder unerwartete Ereignisse verringert.

Patientenzentrierte Pflege: In Dyaden, an denen Patienten beteiligt sind, kann die koproduzierte Führung die patientenzentrierte Pflege erheblich verbessern. Indem Patienten in die Führung und Entscheidungsfindung einbezogen werden, können

Gesundheitsdienstleister ihre Bedürfnisse und Präferenzen besser verstehen und darauf eingehen.

Auch wenn die Übernahme der koproduzierten Führung eine Abkehr von den traditionellen hierarchischen Modellen erfordert, ist sie aufgrund der Vorteile, die sie für ein klinisches Mikrosystem bringen kann, eine Überlegung wert. Dieser Ansatz fördert eine Kultur der gemeinsamen Verantwortung und der kollaborativen Entscheidungsfindung, die das Funktionieren und die Effektivität von klinischen Mikrosystemen erheblich verbessern kann.

Übung: Definieren Sie Ihr klinisches Mikrosystem[3]

Diese Übung soll Ihrem Team helfen, Ihr klinisches Mikrosystem klar zu definieren und zu verstehen. Sie beinhaltet tiefgreifende Überlegungen und Diskussionen über die Struktur, die Funktion und die Prozesse Ihres Mikrosystems. Dies kann in Form eines Workshops oder einer Reihe von Treffen geschehen.

1. Kartierung Ihres klinischen Mikrosystems:

Beginnen Sie mit einer Kartierungsübung. Stellen Sie ein großes Blatt Papier und Stifte bereit und bitten Sie die Teammitglieder, eine Karte des Mikrosystems zu zeichnen. Dabei sollten nicht nur physische Elemente wie Räume und Geräte, sondern auch Prozesse und Menschen berücksichtigt werden.

Einschließen:

- Der Weg des Patienten von der Ankunft bis zur Abreise.
- Die verschiedenen Rollen und ihre Verflechtungen.

---

[3] Für eine tiefergehende Untersuchung siehe https://clinicalmicrosystem.org

- Die verwendeten Werkzeuge und Technologien.
- Die Wechselwirkungen mit anderen Mikrosystemen und der größeren Organisation.

Diskutieren Sie die Karte im Team. Was verrät sie über Ihr Mikrosystem? Gibt es irgendwelche Überraschungen oder Erkenntnisse?

2. SWOT-Analyse:

Führen Sie als Nächstes eine SWOT-Analyse (Strengths, Weaknesses, Opportunities, Threats) Ihres klinischen Mikrosystems durch. Jedes Teammitglied sollte seine Sichtweise zu den internen Stärken und Schwächen des Mikrosystems sowie zu den externen Chancen und Bedrohungen darlegen.

Diskutieren Sie Ihre Ergebnisse in der Gruppe. Wie können Sie auf Ihren Stärken aufbauen, Schwächen angehen, Chancen nutzen und Gefahren abmildern?

3. Definition der Kernprozesse:

Identifizieren Sie die Kernprozesse in Ihrem Mikrosystem - die wesentlichen Aufgaben, die sich direkt auf die Patientenversorgung auswirken. Diskutieren Sie für jeden Prozess:

- Wer ist an diesem Prozess beteiligt?
- Welche Schritte umfasst das Verfahren?
- Wie läuft der Prozess derzeit ab?
- Wie könnte der Prozess verbessert werden?

Stellen Sie sicher, dass alle Stimmen gehört werden und dass die endgültigen Aussagen die kollektiven Bestrebungen und das Engagement des Teams widerspiegeln. Dies wird als Richtschnur für Ihr Mikrosystem dienen.

Kapitel 1: Die Landschaft der klinischen Mikrosysteme

Klinische Mikrosysteme bilden die Bausteine der Gesundheitsversorgung, und das Verständnis ihrer Landschaft ist für jeden, der ihre Funktion und Führung erforschen oder verbessern will, von entscheidender Bedeutung. Innerhalb dieser kleinen, funktionalen Einheiten interagieren Patienten und Gesundheitsteams, um Pflege zu leisten und zu erhalten. Ein klinisches Mikrosystem wird nicht nur durch seine physischen Komponenten definiert, wie etwa die Einrichtungen und Geräte, über die es verfügt, oder die angebotenen Dienstleistungen. Vielmehr handelt es sich um ein komplexes, adaptives System, das durch die Interaktionen zwischen Menschen, Prozessen und der Umwelt geprägt ist. Selbst innerhalb ein und derselben Organisation des Gesundheitswesens können daher verschiedene klinische Mikrosysteme unterschiedlich funktionieren, jedes mit seiner eigenen Mischung aus Ressourcen, Menschen und Prozessen.

Zur weiteren Veranschaulichung der Vielfalt klinischer Mikrosysteme wollen wir uns die verschiedenen Arten ansehen, die es im Gesundheitswesen gibt:

1. Mikrosysteme für die Primärversorgung: Sie sind häufig die erste Anlaufstelle für Patienten im Gesundheitssystem. Dazu gehören Hausarztpraxen, Gemeinschaftskliniken und Kliniken für innere Medizin. Hier bieten die Fachkräfte des Gesundheitswesens häufig Präventivmaßnahmen an, kümmern sich um chronische Erkrankungen und behandeln kleinere Krankheiten und Verletzungen.

2. Mikrosysteme für die Spezialversorgung: Diese Mikrosysteme bieten eine spezialisierte Versorgung, die Mikrosysteme der Primärversorgung nicht anbieten können. Sie können sich auf

bestimmte Patientengruppen konzentrieren (z. B. geriatrische oder pädiatrische Kliniken) oder spezielle medizinische Erkrankungen behandeln (z. B. Krebsbehandlungszentren oder Herzkliniken).

3. Mikrosysteme für die Akutversorgung: Diese Mikrosysteme befinden sich in Krankenhäusern und dienen der Versorgung von Patienten, die sofortige und oft intensive Pflege benötigen. Beispiele hierfür sind Notaufnahmen, Intensivstationen und chirurgische Abteilungen.

4. Mikrosysteme für die Langzeitpflege: Diese Mikrosysteme bieten eine erweiterte Pflege für Patienten, die aufgrund einer chronischen Krankheit, einer Verletzung oder einer Behinderung Hilfe bei den täglichen Aktivitäten benötigen. Beispiele hierfür sind qualifizierte Pflegeeinrichtungen, Rehabilitationszentren und Hospizeinrichtungen.

5. Unterstützende Pflegemikrosysteme: Diese Mikrosysteme bieten Hilfsdienste an, die die Primärversorgung unterstützen. Beispiele hierfür sind Abteilungen für Radiologie, Pathologie und Pharmazie.

6. Virtuelle Pflege-Mikrosysteme: Mit dem technologischen Fortschritt entstehen immer mehr virtuelle Pflegemikrosysteme. Dazu können telemedizinische Dienste oder Online-Krankheitsmanagementprogramme gehören, die Patienten aus der Ferne versorgen.

Jedes dieser Mikrosysteme hat seine eigenen einzigartigen Merkmale, Herausforderungen und Stärken. Was sie jedoch alle eint, ist ihr oberstes Ziel: eine hochwertige, patientenzentrierte Versorgung.

Mikrosysteme im Gesundheitswesen sind grundlegende, funktionelle Einheiten, in denen Patienten und Familien auf Pflegeteams treffen. Sie sind die Orte, an denen Diagnose,

Behandlung und Genesung stattfinden. Beispiele für Mikrosysteme sind eine Neugeborenen-Intensivstation, eine ländliche Klinik oder sogar ein häusliches Pflegeteam. Diese Mikrosysteme existieren jedoch nicht in einem Vakuum. Sie sind Teil einer viel größeren hierarchischen Struktur, die die komplexe Landschaft der Gesundheitsversorgung bildet. Um die Gesundheitsfürsorge wirklich zu verstehen und zu verbessern, müssen wir uns mit der Hierarchie der Mikrosysteme befassen und ihre Zusammenhänge und Abhängigkeiten verstehen.

Auf der untersten Ebene der Hierarchie stehen die klinischen Mikrosysteme. Dabei handelt es sich um die kleinsten Einheiten an vorderster Front, die die Patienten direkt versorgen. Jedes Mikrosystem ist einzigartig, mit seiner speziellen Patientenpopulation, seinen Mitarbeitern, Prozessen und Versorgungsmustern. Doch trotz ihrer Unterschiede haben alle klinischen Mikrosysteme ein gemeinsames Ziel: eine sichere, wirksame und patientenzentrierte Versorgung.

Über den klinischen Mikrosystemen stehen die Mesosysteme oder die organisatorische Ebene. Zu den Mesosystemen gehören Abteilungen, Dienste oder Bereiche innerhalb einer größeren Gesundheitsorganisation. Sie unterstützen und verwalten mehrere Mikrosysteme, indem sie Ressourcen bereitstellen, die Kommunikation erleichtern und die Ausrichtung auf die umfassenderen organisatorischen Ziele und Strategien sicherstellen.

An der Spitze der Hierarchie stehen die Makrosysteme. Diese Ebene umfasst das Gesundheitssystem als Ganzes, einschließlich übergreifender politischer Maßnahmen, Regulierungsbehörden, Finanzierungsquellen und gesellschaftlicher Faktoren, die die Gesundheitsversorgung beeinflussen.

Es ist von entscheidender Bedeutung, dass jede Ebene in dieser Hierarchie miteinander verknüpft ist. Mikrosysteme beeinflussen

Meso- und Makrosysteme und werden von diesen beeinflusst. Veränderungen oder Verbesserungen auf einer Ebene können sich erheblich auf die anderen Ebenen auswirken. So kann sich beispielsweise eine Änderung der Politik auf der Makrosystemebene auf die auf der Mesosystemebene verfügbaren Ressourcen auswirken, was sich letztlich auf die Pflege auf der Mikrosystemebene auswirkt. Die Hierarchie der Mikrosysteme bietet eine Linse, durch die wir die vielschichtige, dynamische Natur des Gesundheitswesens betrachten und verstehen können. Wenn Führungskräfte im Gesundheitswesen diese hierarchische Struktur verstehen, können sie Verbesserungsmöglichkeiten erkennen, Strategien formulieren, die auf allen Ebenen greifen, und letztlich eine qualitativ hochwertige, patientenzentrierte Versorgung fördern.

Koproduktion in Mikrosystemen

Koproduktion im Gesundheitswesen ist ein transformativer Ansatz, der Patienten und ihre Familien aktiv in die Bereitstellung und Verbesserung der Versorgung einbezieht. Er geht über die patientenzentrierte Versorgung hinaus und stellt die Patienten als Partner an die Seite der Gesundheitsdienstleister. Klinische Mikrosysteme, die an vorderster Front der Gesundheitsversorgung stehen, spielen eine entscheidende Rolle bei der Förderung der Koproduktion und der Erleichterung der kontinuierlichen Verbesserung.

Partnerschaften mit Patienten

Mikrosysteme bieten aufgrund ihres engen Kontakts mit den Patienten den idealen Rahmen für Koproduktion. Hier können Patienten und Gesundheitsdienstleister eng interagieren und zusammmenarbeiten. Die Patienten sind nicht mehr nur Empfänger der Versorgung, sondern aktive Partner auf ihrem Weg zur Gesundheit. Sie bringen ihr einzigartiges Wissen über ihren Körper, ihre Erfahrungen, Werte und Präferenzen ein und ergänzen damit das klinische Fachwissen der Gesundheitsdienstleister. Diese kleinen Systeme können verschiedene Strategien zur Förderung der Koproduktion nutzen. Dazu gehören die gemeinsame Entscheidungsfindung, bei der Patienten und Leistungserbringer gemeinsam über die beste Behandlungsmethode entscheiden, oder die Unterstützung des Selbstmanagements, bei der die Patienten mit den nötigen Fähigkeiten ausgestattet werden, um ihren Gesundheitszustand zu bewältigen.

Kontinuierliche Verbesserung

Diese kleinen, komplexen Systeme sind auch entscheidend für die Verbesserung. Aufgrund ihrer Nähe zu den Patienten können Mikrosysteme Probleme bei der Leistungserbringung schnell erkennen und darauf reagieren. Sie können in Echtzeit Feedback von den Patienten einholen, aus ihren Erfahrungen lernen und Änderungen rasch umsetzen. Die geringe Größe ermöglicht ein Maß an Flexibilität und Anpassungsfähigkeit, das bei größeren Systemen schwierig sein könnte. Änderungen können in einem kontrollierten Rahmen getestet und verfeinert werden, bevor sie auf die Meso- oder Makrosystemebene ausgeweitet werden. Um dieses Potenzial voll auszuschöpfen, müssen Mikrosysteme jedoch eine Kultur des Lernens und der Verbesserung fördern. Sie sollten eine offene Kommunikation fördern, Fehler als Chance zum Lernen tolerieren und kontinuierlich nach besseren Wegen der Leistungserbringung suchen.

Auswirkungen auf die Ergebnisse der Pflege

Koproduzierte Patientenversorgung und kontinuierliche Verbesserung auf der Ebene des Mikrosystems können zu erheblichen Vorteilen führen. Studien haben gezeigt, dass Koproduktion die Patientenzufriedenheit, die Gesundheitsergebnisse und sogar die Effizienz der Gesundheitsversorgung verbessern kann. Ebenso können mikrosystemgeführte Verbesserungen die Qualität der Versorgung, die Sicherheit und die Moral des Personals verbessern. Diese kleinen Teams an vorderster Front spielen eine zentrale Rolle bei der koproduzierten Patientenversorgung und der kontinuierlichen Verbesserung. Sie sind der Ort, an dem Patienten und Leistungserbringer zusammentreffen, wo Koproduktion stattfindet und wo Verbesserungen beginnen. Indem wir uns die Kraft von Mikrosystemen zunutze machen, können wir die Gesundheitsversorgung reaktionsschneller, effektiver und wirklich patientenzentriert gestalten.

Übung: Kenne deinen Kontext: Verstehen Sie Ihre Position im Ökosystem des Gesundheitswesens

Diese Übung soll Ihrem Team helfen, den Kontext, in dem Ihr klinisches Mikrosystem funktioniert, besser zu verstehen. Sie werden Ihre Beziehungen zu anderen Mikrosystemen, Ihrem Mesosystem und dem Makrosystem, zu dem Sie gehören, untersuchen. Ziel ist es, ein umfassenderes Verständnis dafür zu entwickeln, wie Ihr Mikrosystem in das größere Gesundheitssystem passt und mit diesem interagiert.

1. Identifizierung der umgebenden Mikrosysteme:

Beginnen Sie mit der Auflistung anderer klinischer Mikrosysteme, die mit Ihrem System interagieren. Dazu können andere Abteilungen innerhalb Ihrer Einrichtung, externe Anbieter und andere Einrichtungen gehören, die Patienten an Sie überweisen oder von Ihnen aufnehmen. Erörtern Sie für jedes System:

- Welcher Art ist die Beziehung?
- Wie wirken sich diese Interaktionen auf Ihre Patienten und Ihre Arbeit aus?

2. Kartierung des Mesosystems:

Bestimmen Sie als Nächstes Ihr Mesosystem - das System von Mikrosystemen, zu dem Sie gehören. Dabei kann es sich um Ihre Gesundheitseinrichtung, ein größeres Netzwerk von Kliniken oder eine andere Organisationsstruktur handeln. Zeichnen Sie auf einem großen Blatt Papier ein Diagramm, das Ihr Mikrosystem innerhalb dieses Mesosystems verortet, einschließlich anderer verwandter Mikrosysteme. Diskutieren Sie:

- Welche Rolle spielt Ihr Mikrosystem im Mesosystem?
- Wie unterstützt das Mesosystem Ihre Arbeit, und wo gibt es Möglichkeiten zur Verbesserung?

3. Sich selbst in das Makrosystem einordnen:

Betrachten Sie schließlich das Makrosystem - das übergreifende Gesundheitssystem, zu dem Ihr Mikrosystem gehört. Dies könnte ein regionales Gesundheitssystem, ein nationales Gesundheitssystem oder sogar das globale Gesundheitssystem sein. Diskutieren Sie:

- Wie stimmt Ihre Arbeit mit den Zielen und Prioritäten des Makrosystems überein?
- Welche Auswirkungen haben Politik, Finanzierung und andere Makrosystemfaktoren auf Ihr Mikrosystem?

4. Reflektieren und planen:

Nachdem Sie den Kontext Ihres Mikrosystems erfasst haben, nehmen Sie sich etwas Zeit zum Nachdenken.

- Welche neuen Erkenntnisse haben Sie gewonnen?
- Wie können Sie diese Beziehungen nutzen, um die Patientenversorgung und die Ergebnisse zu verbessern?

Ermitteln Sie spezifische Maßnahmen, die Sie ergreifen können, um sich besser in die umliegenden Mikrosysteme zu integrieren, Ihre Rolle innerhalb des Mesosystems zu optimieren und sich auf das Makrosystem auszurichten. Wiederholen Sie diese Übung regelmäßig, da sich Ihr Kontext und Ihre Beziehungen im Laufe der Zeit ändern können, und nutzen Sie die gewonnenen Erkenntnisse, um sich kontinuierlich zu verbessern und an die dynamische Gesundheitslandschaft anzupassen.

Kapitel 2: Führungstheorien angewandt auf klinische Mikrosysteme

Die Führung von Teams und Einheiten im Gesundheitswesen ist ein entscheidender Faktor, der die Leistung und die Ergebnisse von Gesundheitsorganisationen beeinflusst. Im Laufe der Jahre wurde eine Vielzahl von Führungstheorien vorgeschlagen, die jeweils einzigartige Einblicke in die Mechanismen und Auswirkungen von Führung bieten, insbesondere auf der Ebene von Einheiten oder Teams im Gesundheitswesen. Hier sind einige der wichtigsten Theorien:

1. Theorie der transformationalen Führung

Diese Theorie unterstreicht die Rolle von Führungskräften, die ihr Team dazu inspirieren, ihre persönlichen Interessen zugunsten des größeren Wohls des Teams und der Organisation zu überwinden. Transformatorische Führungskräfte motivieren ihre Teammitglieder, indem sie eine Vision schaffen, Stolz einflößen, Respekt bieten und Vertrauen aufbauen. Im Gesundheitswesen könnten transformationale Führungspersönlichkeiten ihre Teams dazu inspirieren, eine hervorragende Patientenversorgung zu leisten und kontinuierlich nach Verbesserungen zu streben. In einem klinischen Mikrosystem können transformationale Führungskräfte von unschätzbarem Wert sein, wenn es darum geht, eine gemeinsame Vision zu fördern und eine Kultur der kontinuierlichen Verbesserung zu etablieren. Sie können die Teammitglieder dazu inspirieren, eine hervorragende Patientenversorgung anzustreben und ihre Praktiken ständig zu verbessern. Dieser Führungsstil ist besonders nützlich bei organisatorischen Veränderungen oder Initiativen, bei denen Teams für die Arbeit an einer neuen Vision inspiriert werden müssen.

2. Transaktionale Führungstheorie

Transaktionale Führungskräfte arbeiten nach dem Prinzip von Belohnung und Bestrafung. Sie klären Rollen und Zuständigkeiten und legen klare Leistungsziele fest. Teammitglieder werden belohnt, wenn sie diese Ziele erreichen oder übertreffen, und sie werden zur Verantwortung gezogen, wenn sie diese Ziele nicht erreichen. Im Gesundheitswesen könnte die transaktionale Führung die Effizienz und die Einhaltung von Verfahren und Standards fördern. Transaktionale Führung kann hilfreich sein, um die Effizienz aufrechtzuerhalten und die Einhaltung von klinischen Standards und Richtlinien in einem Mikrosystem zu gewährleisten. Die Führungskräfte können Belohnungen oder korrigierendes Feedback einsetzen, um die Leistung zu fördern. Dieser Stil sollte jedoch mit anderen Führungsansätzen abgewogen werden, um eine Überbetonung der Aufgaben auf Kosten der zwischenmenschlichen Beziehungen oder der Innovation zu vermeiden.

3. Situative Führungstheorie

Die Theorie der situativen Führung besagt, dass kein einzelner Führungsstil für alle Situationen geeignet ist. Stattdessen sollten Führungskräfte ihren Führungsstil an die Bereitschaft und Kompetenz ihrer Teammitglieder und an die spezifischen Umstände anpassen. In dem sich schnell verändernden Umfeld des Gesundheitswesens könnten situativ orientierte Führungskräfte in der Lage sein, Herausforderungen zu meistern und effektiv auf verschiedene Situationen zu reagieren. Der situative Führungsansatz kann im dynamischen Umfeld des Gesundheitswesens, in dem sich die Bedürfnisse der Patienten, die Kompetenz der Mitarbeiter und andere Bedingungen schnell ändern können, von großem Nutzen sein. Führungskräfte, die ihren Führungsstil an die jeweilige Situation anpassen können, sind in der Lage, ihr Team effektiver durch die Herausforderungen zu führen, die im täglichen Betrieb oder in Krisensituationen auftreten.

4. Theorie der dienenden Führung

Dienende Führungskräfte stellen die Bedürfnisse ihrer Teammitglieder in den Vordergrund und helfen ihnen, sich zu entwickeln und optimale Leistungen zu erbringen. Sie fördern eine Kultur des Vertrauens, der Empathie und der Zusammenarbeit. Im Gesundheitswesen kann dienende Führung zu hoch engagierten und zufriedenen Mitarbeitern führen, was wiederum eine bessere Patientenversorgung zur Folge hat. Der Ansatz der dienenden Führung lässt sich gut mit dem fürsorglichen Ethos des Gesundheitswesens vereinbaren. Dienende Führungskräfte stellen die Bedürfnisse ihrer Teammitglieder in den Vordergrund, fördern ein positives Arbeitsumfeld und unterstützen die Teammitglieder in ihrer beruflichen Entwicklung. Dieser Ansatz kann zu einer höheren Mitarbeiterzufriedenheit und einer geringeren Burnout-Rate führen, was beides im hochbelasteten Gesundheitswesen von entscheidender Bedeutung ist.

5. Theorie der geteilten (oder verteilten) Führung

Diese Theorie entfernt sich von dem traditionellen Top-down-Führungsansatz. Bei der geteilten Führung werden die Führungsrollen und Verantwortlichkeiten auf die Teammitglieder verteilt. Dieser Ansatz fördert die Zusammenarbeit, die kollektive Entscheidungsfindung und die gemeinsame Verantwortlichkeit. Im Gesundheitswesen kann die geteilte Führung den Zusammenhalt im Team, das gemeinsame Lernen und innovative Problemlösungen fördern. Geteilte Führung kann in klinischen Mikrosystemen, in denen die interprofessionelle Zusammenarbeit entscheidend ist, besonders effektiv sein. Durch die Verteilung von Führungsaufgaben und -verantwortlichkeiten kann ein gemeinsamer Führungsansatz die unterschiedlichen Fähigkeiten und das Wissen innerhalb des Teams nutzen. Dieser Ansatz kann die kollektive Entscheidungsfindung, die gemeinsame Verantwortung und das Verantwortungsgefühl der

Teammitglieder fördern, was zu einer besseren Teamleistung und Patientenversorgung führt.

Es ist wichtig, daran zu denken, dass diese Führungstheorien sich nicht gegenseitig ausschließen, sondern sich ergänzen können. Effektive Führungskräfte im Gesundheitswesen stützen sich oft auf verschiedene Theorien und mischen Elemente verschiedener Führungsstile, je nach den Bedürfnissen ihres Teams, dem organisatorischen Kontext und ihrer persönlichen Führungsphilosophie. Diese Theorien dienen als Leitfaden und bieten wertvolle Einblicke in die effektive Führung in der dynamischen, komplexen Welt des Gesundheitswesens.

Die bereits erwähnte koproduzierende dyadische Führung ist ein neuartiger Führungsansatz, der besonders gut in den Kontext klinischer Mikrosysteme passt. Dieses Führungsmodell umfasst die Grundsätze der Koproduktion und der dyadischen Führung, um einen kollaborativen, teambasierten Ansatz für die Führung im Gesundheitswesen zu fördern.

Co-produzierte Leiterschaft

Koproduktion bedeutet im Zusammenhang mit Führung die aktive Beteiligung aller Teammitglieder, einschließlich der Patienten und ihrer Familien, an den Führungsprozessen. Anstatt dass Führung ein Top-Down-Prozess ist, der ausschließlich von bestimmten Führungskräften gesteuert wird, erkennt und nutzt die ko-produzierte Führung die einzigartigen Beiträge, die jedes Teammitglied leisten kann. Im Kontext von Mikrosystemen steht die ko-produzierte Führung im Einklang mit der Betonung der patientenzentrierten Pflege und dem kooperativen Charakter von Gesundheitsteams. Sie erkennt die unterschiedlichen Fähigkeiten, Kenntnisse und Erfahrungen innerhalb des Mikrosystems an und nutzt diese für die Führung. Sie fördert auch die Einbeziehung von Patienten und Familien in Führungsprozesse und erkennt ihre einzigartigen Einsichten und Perspektiven als wertvoll an.

Dyadische Führung

Dyadische Führung hingegen bezieht sich auf ein Führungsmodell, bei dem sich zwei Führungskräfte die Führungsrolle teilen. Jede Führungskraft bringt ihre einzigartigen Fähigkeiten, Kenntnisse und Perspektiven ein, was zu einem ausgewogenen und umfassenden Führungsansatz führt. Im Kontext von Mikrosystemen kann die dyadische Führung besonders effektiv sein. An Mikrosystemen sind oft interdisziplinäre Teams beteiligt, in denen verschiedene Fachleute unterschiedliche Fähigkeiten und Perspektiven einbringen. Durch zwei Führungskräfte mit unterschiedlichem beruflichem Hintergrund kann ein dyadisches Führungsmodell diese unterschiedlichen Perspektiven überbrücken und die interdisziplinäre Zusammenarbeit fördern.

Koproduzierte Dyadische Führung

Durch die Kombination der Prinzipien der koproduzierten und dyadischen Führung entsteht ein leistungsfähiges Führungsmodell, das sich hervorragend für die Komplexität und Dynamik von Mikrosystemen eignet. Bei der koproduzierenden dyadischen Führung arbeiten zwei Führungskräfte, die jeweils ihre einzigartigen Fähigkeiten und Perspektiven einbringen, gemeinsam mit ihrem Team. In diesem Modell wird die Führung zu einem gemeinsamen Prozess, zu dem alle Teammitglieder, einschließlich der Patienten und Familien, beitragen. Entscheidungen werden gemeinsam getroffen, wobei die beiden Führungskräfte den Prozess moderieren und sicherstellen, dass alle Stimmen gehört werden. Die ko-produzierte dyadische Führung kann einen demokratischeren, integrativeren und effektiveren Führungsansatz fördern. Sie kann die Entscheidungsfindung verbessern, Innovationen fördern, den Zusammenhalt im Team stärken und letztlich die Qualität der Patientenversorgung verbessern. Dies ist ein vielversprechender

Ansatz für die Führung in Mikrosystemen und im Gesundheitswesen im weiteren Sinne.[4]

Übung: Koproduzierte dyadische Führung in klinischen Mikrosystemen

Ziel dieser Übung ist es, die Entwicklung einer ko-produzierten dyadischen Führung innerhalb Ihres klinischen Mikrosystems zu fördern. Sie kann in einer Teamsitzung oder einem Workshop durchgeführt werden und konzentriert sich auf die Verbesserung der Zusammenarbeit, der gemeinsamen Entscheidungsfindung und des gegenseitigen Verständnisses zwischen dyadischen Führungskräften.

1. Anführer-Paarung:

Beginnen Sie mit der Identifizierung potenzieller dyadischer Führungspaare innerhalb Ihres Mikrosystems. Diese Paare sollten aus Personen bestehen, die eine Führungsrolle innehaben oder das Potenzial haben, in eine solche hineinzuwachsen.

2. Rollendefinition und Klärung:

Lassen Sie jedes Führungspaar seine Rolle innerhalb der dyadischen Führungsstruktur diskutieren und definieren. Sie sollten ihre jeweiligen Stärken, Schwächen und Fachgebiete besprechen. Indem sie ihre eigene Rolle und die des Partners verstehen, können die Führungskräfte die Vorteile einer

---

[4] Einen ausgezeichneten Artikel über klinische Mikrosystemführung finden Sie in Batalden, P. B., Nelson, E. C., Mohr, J. J., Godfrey, M. M., Huber, T. P., Kosnik, L., & Ashling, K. (2003). Mikrosysteme in der Gesundheitsversorgung: Teil 5. Wie Führungskräfte führen. *The Joint Commission Journal on Quality and Safety*, *29*(6), 297-308.

gemeinsamen Führung erkennen und darauf hinarbeiten, sich gegenseitig zu ergänzen und zu unterstützen.

3. Szenarien und Rollenspiele:

Bereiten Sie eine Liste von Szenarien vor, die typische Herausforderungen oder Situationen darstellen, die in Ihrem klinischen Mikrosystem auftreten. Lassen Sie jedes dyadische Paar seine Reaktionen auf diese Szenarien in Rollenspielen nachspielen. So können sie üben, gemeinsame Entscheidungen zu treffen, ihre gemeinsamen Fähigkeiten und Kenntnisse zu nutzen und sich gegenseitig in ihrer Führungsrolle zu unterstützen.

4. Feedback und Reflexion:

Bieten Sie nach jedem Rollenspielszenario dem Rest des Teams die Möglichkeit, Feedback zu geben. Die Führungskräfte sollten auch über ihre eigene Leistung nachdenken und Verbesserungsmöglichkeiten in Betracht ziehen. Dies fördert ein offenes, kollaboratives Umfeld und regt zum kontinuierlichen Lernen an.

5. Gemeinsam erarbeiteter Leadership-Plan:

Lassen Sie schließlich jedes dyadische Paar einen gemeinsam erstellten Führungsplan erstellen. Dieser sollte Strategien für die Kommunikation, die Entscheidungsfindung, die Konfliktlösung und die Art und Weise, wie sie sich gegenseitig und ihr Team unterstützen werden, enthalten.

6. Überprüfen und Überarbeiten:

Nach einem bestimmten Zeitraum (z. B. drei Monate) treffen sich die dyadischen Paare erneut, um ihre gemeinsam erstellten Führungspläne zu überprüfen und zu überarbeiten. Auf diese Weise wird sichergestellt, dass der Ansatz auch weiterhin den sich entwickelnden Bedürfnissen des Mikrosystems gerecht wird, und die gewonnenen Erkenntnisse können eingearbeitet werden.

Kapitel 3: Kernkompetenzen für die Führung von klinischen Mikrosystemen

Der Erfolg eines klinischen Mikrosystems hängt in hohem Maße von einer effektiven Führung ab. Führungskräfte in diesen Mikrosystemen benötigen eine Reihe einzigartiger Fähigkeiten und Kompetenzen, um sich in der komplexen und dynamischen Natur des Gesundheitswesens zurechtzufinden. Bei der strategischen Visionierung geht es darum, ein überzeugendes Bild der Zukunft zu entwerfen, das die Organisation auf ihre gewünschten Ziele hinführt. Es geht darum, sich einen zukünftigen Zustand vorzustellen, der besser und anders ist als der gegenwärtige Zustand. Andererseits geht es bei der Vorausschau um die Vorwegnahme potenzieller künftiger Trends, Entwicklungen und Herausforderungen, die sich auf die Organisation auswirken könnten. Diese beiden Kompetenzen zusammen ermöglichen es Führungskräften, ihre klinischen Mikrosysteme proaktiv zu erfolgreichen Ergebnissen zu führen.

Im Zusammenhang mit klinischen Mikrosystemen sind strategische Visionen und Weitsicht aufgrund der sich rasch entwickelnden Gesundheitslandschaft besonders wichtig. Die Führungskräfte müssen nicht nur den aktuellen Status des Mikrosystems verstehen, sondern auch eine Vorstellung davon haben, wo es in Zukunft stehen soll. Diese Vision dient als Leitstern, der die Bemühungen aller Teammitglieder aufeinander abstimmt und sicherstellt, dass Änderungen und Verbesserungen zum Erreichen des gewünschten zukünftigen Zustands beitragen. Gleichzeitig können Führungskräfte durch die Vorwegnahme künftiger Trends und Herausforderungen ihre Mikrosysteme proaktiv vorbereiten und so sicherstellen, dass sie angesichts des Wandels widerstandsfähig und anpassungsfähig sind.

Die Entwicklung von Kompetenzen in den Bereichen Vision und Vorausschau erfordert ein genaues Verständnis des klinischen

Mikrosystems und des breiteren Kontexts der Gesundheitsversorgung. Führungskräfte sollten regelmäßig das interne und externe Umfeld prüfen, um potenzielle Chancen und Gefahren zu erkennen. Außerdem sollten sie alle Teammitglieder, einschließlich der Patienten und ihrer Angehörigen, in den Visionsprozess einbeziehen und deren unterschiedliche Perspektiven und Erkenntnisse nutzen. Um den Weitblick zu schärfen, müssen sich Führungskräfte angewöhnen, über die Zukunft nachzudenken, verschiedene Zukunftsszenarien in Betracht zu ziehen und diese zu planen. Dazu kann es gehören, sich über Trends und Innovationen im Gesundheitswesen auf dem Laufenden zu halten, Experten zu konsultieren oder Instrumente und Techniken der Vorausschau zu nutzen. Strategische Visionen und Vorausschau sind wichtige Führungskompetenzen für klinische Mikrosysteme. Indem sie eine überzeugende Vision entwickeln und sich proaktiv auf die Zukunft vorbereiten, können Führungskräfte sicherstellen, dass ihre Mikrosysteme nicht nur reaktiv sind, sondern ihren Weg zu einer hervorragenden Patientenversorgung aktiv gestalten.

Strategische Visionen und Weitsicht sind zwei zentrale Führungskompetenzen, die für ein effektives Management klinischer Mikrosysteme erforderlich sind. In der sich ständig weiterentwickelnden Gesundheitslandschaft wird die Fähigkeit, ein überzeugendes Bild der Zukunft zu entwerfen, zu einem Eckpfeiler erfolgreicher Führung. Dies erfordert von den Führungskräften, einen zukünftigen Zustand zu schaffen, der nicht nur besser, sondern auch anders ist als der gegenwärtige Zustand. Andererseits geht es bei der Voraussicht um die Vorhersage künftiger Trends und Entwicklungen, die sich auf die Organisation auswirken könnten. Zusammen können diese beiden Kompetenzen klinische Mikrosysteme proaktiv zu erfolgreichen Ergebnissen führen. Führungskräfte müssen den aktuellen Zustand ihrer Mikrosysteme verstehen, eine Zukunftsvision entwerfen und ihre Teams auf die Verwirklichung dieser Vision ausrichten. Indem sie künftige Trends und Herausforderungen vorhersehen, können sie sicherstellen, dass ihre Systeme widerstandsfähig und anpassungsfähig sind.

Die Entwicklung dieser Kompetenzen erfordert ein Verständnis des klinischen Mikrosystems und des breiteren Kontexts der Gesundheitsversorgung. Führungskräfte sollten regelmäßig sowohl das interne als auch das externe Umfeld beobachten, um potenzielle Chancen und Gefahren zu erkennen. Die Einbindung aller Teammitglieder in den Visionsprozess kann ebenfalls eine Reihe von Perspektiven und Einsichten liefern. Gleichzeitig müssen Führungskräfte den Weitblick kultivieren, indem sie regelmäßig potenzielle Zukunftsszenarien in Betracht ziehen und für diese planen. Es kann von Vorteil sein, sich über Trends und Innovationen im Gesundheitswesen auf dem Laufenden zu halten, Experten zu konsultieren oder Vorausschau-Tools zu verwenden.

Eine weitere Gruppe von Kernkompetenzen für die Führung in klinischen Mikrosystemen ist die Kommunikation und der Aufbau von Beziehungen. Effektive Kommunikation ist entscheidend für die Zusammenarbeit im Team, die Interaktion mit Patienten und die Kooperation innerhalb der Organisation. Sie sorgt für ein klares Verständnis von Rollen, Verantwortlichkeiten und Plänen für die Patientenversorgung, regelt Konflikte und fördert eine positive Teamkultur. Da die patientenzentrierte Pflege zur Norm wird, müssen Führungskräfte auch effektiv mit den Patienten und ihren Familien kommunizieren. Der Aufbau starker Beziehungen ergänzt die Kommunikation in Mikrosystemen. Durch die Förderung eines kooperativen und unterstützenden Umfelds können Führungskräfte eine nahtlose Zusammenarbeit innerhalb der Organisation sicherstellen. Darüber hinaus können gute Beziehungen zu den Patienten und ihren Familien die Zufriedenheit der Patienten und die Einhaltung der Pflegepläne verbessern.

Die Entwicklung dieser Fähigkeiten erfordert bewusste Übung und Reflexion. Führungskräfte können ihre

Kommunikationsfähigkeiten durch Feedback, Schulungen und Achtsamkeitsübungen verbessern. Der Aufbau von Beziehungen hingegen erfordert, dass man anderen gegenüber Empathie zeigt, ihre Beiträge schätzt und sie bei ihren Herausforderungen unterstützt. Der Aufbau von Vertrauen braucht zwar Zeit, ist aber eine lohnende Investition für den Zusammenhalt des Teams und die Gesamtleistung.

Teambildung und Talententwicklung sind für Führungskräfte in klinischen Mikrosystemen von grundlegender Bedeutung. Im kollaborativen und dynamischen Umfeld des Gesundheitswesens sind die Förderung eines kohäsiven Teams und die Entwicklung der Fähigkeiten und des Potenzials der Teammitglieder von entscheidender Bedeutung, um hohe Leistungen zu erzielen und eine hervorragende Patientenversorgung zu gewährleisten. Bei der Teambildung geht es darum, ein Umfeld zu schaffen, in dem unterschiedliche Personen effektiv auf gemeinsame Ziele hinarbeiten können. Es geht darum, eine positive Teamkultur zu kultivieren, die Zusammenarbeit und den gegenseitigen Respekt zu fördern und Konflikte auf konstruktive Weise zu lösen. Es geht nicht nur darum, ein Team zusammenzustellen, sondern auch sicherzustellen, dass das Team gut zusammenarbeitet.

Auf der anderen Seite geht es bei der Talententwicklung darum, die einzigartigen Talente und das Potenzial jedes Teammitglieds zu erkennen, zu fördern und zu nutzen. Es geht darum, Lern- und Wachstumsmöglichkeiten zu bieten, konstruktives Feedback zu geben und ein unterstützendes Umfeld zu schaffen, in dem sich die Teammitglieder wertgeschätzt fühlen und in der Lage sind, ihr Bestes zu geben. In klinischen Mikrosystemen gewinnen diese Kompetenzen zusätzlich an Bedeutung. Angesichts des interprofessionellen Charakters von Gesundheitsteams und der hohen Bedeutung der Patientenversorgung ist eine effektive Teamarbeit von entscheidender Bedeutung. Durch den Aufbau eines kohäsiven Teams können Führungskräfte die

Kommunikation, die Zusammenarbeit und die Koordination der Patientenversorgung verbessern.

Angesichts des raschen Fortschritts im Gesundheitswesen und der zunehmenden Komplexität der Patientenbedürfnisse ist die Talententwicklung ebenso wichtig. Durch die Förderung der Talente von Teammitgliedern können Führungskräfte sicherstellen, dass ihre Mikrosysteme über die erforderlichen Fähigkeiten und Fertigkeiten verfügen, um eine qualitativ hochwertige Versorgung zu gewährleisten. Dies kann auch die Arbeitszufriedenheit und die Bindung der Teammitglieder an das Unternehmen fördern. Um diese Kompetenzen zu entwickeln, müssen Führungskräfte einen auf den Menschen ausgerichteten Ansatz wählen. Um ein Team aufzubauen, müssen sie eine offene Kommunikation fördern, den Zusammenhalt des Teams unterstützen und Konflikte umgehend und konstruktiv angehen. Für die Entwicklung von Talenten müssen sie die einzigartigen Stärken und Bestrebungen jedes Teammitglieds verstehen, Mentoren zur Verfügung stellen und Möglichkeiten für kontinuierliches Lernen schaffen. Führungskräfte, die sich durch diese Kompetenzen auszeichnen, können ein hochleistungsfähiges Team fördern, das eine hervorragende Patientenversorgung bietet.

Konfliktmanagement und Konfliktlösung sind eine weitere wichtige Führungskompetenz in klinischen Mikrosystemen. Konflikte können, wenn sie nicht effektiv gehandhabt werden, die Teamleistung behindern, die Arbeitsmoral senken und die Patientenversorgung beeinträchtigen. Andererseits können Konflikte, wenn sie konstruktiv gehandhabt werden, zu einem besseren Verständnis, kreativen Problemlösungen und stärkeren Teambeziehungen führen. Beim Konfliktmanagement geht es darum, Meinungsverschiedenheiten und Streitigkeiten innerhalb des Teams rechtzeitig und konstruktiv zu erkennen und anzugehen. Es erfordert Verhandlungsgeschick, Diplomatie und Einfühlungsvermögen sowie die Fähigkeit, unterschiedliche Standpunkte und Interessen auszugleichen.

Bei der Konfliktlösung, einem Teil des Konfliktmanagements, geht es darum, eine für beide Seiten akzeptable Lösung des Konflikts zu finden. Dazu können Mediation, Problemlösungstechniken und die Förderung einer Kultur des Respekts und des Verständnisses gehören. In der komplexen Umgebung klinischer Mikrosysteme, in der viel auf dem Spiel steht, können Konflikte aus verschiedenen Gründen entstehen, z. B. aufgrund von Missverständnissen, falscher Kommunikation, abweichenden beruflichen Ansichten oder Ressourcenknappheit.

Ein wirksames Konfliktmanagement und eine effektive Konfliktlösung können verhindern, dass diese zu größeren Problemen eskalieren, und ein positives, kooperatives Arbeitsumfeld gewährleisten. Um diese Kompetenzen zu entwickeln, müssen Führungskräfte eine offene und respektvolle Teamkultur fördern, in der unterschiedliche Meinungen geschätzt werden und Meinungsverschiedenheiten als Chance zum Lernen und zur Verbesserung gesehen werden. Sie sollten auch ihre Verhandlungs- und Vermittlungsfähigkeiten verbessern und bereit sein, bei Bedarf in Konflikte einzugreifen. Darüber hinaus können Führungskräfte vielen Konflikten proaktiv vorbeugen, indem sie für klare Kommunikation, faire Entscheidungsfindung und regelmäßiges Feedback im Team sorgen. Effektives Konfliktmanagement und -lösung ist eine wesentliche Führungskompetenz für klinische Mikrosysteme. Durch konstruktiven Umgang und Lösung von Konflikten können Führungskräfte ein positives Teamklima und eine qualitativ hochwertige Patientenversorgung sicherstellen.

Kulturelle Kompetenz und Diversity Management ist eine zunehmend wichtige Führungskompetenz in klinischen Mikrosystemen, die die Vielfalt moderner Gesundheitsteams und Patientengruppen widerspiegelt. Kulturell kompetente Führungskräfte sind sensibel für kulturelle Unterschiede, begrüßen Vielfalt und fördern ein integratives Umfeld. Kulturelle Kompetenz bezieht sich auf die Fähigkeit, effektiv mit Menschen aus verschiedenen Kulturen zu interagieren, einschließlich des Verständnisses und der Achtung kultureller Unterschiede und der entsprechenden Anpassung der eigenen Verhaltensweisen und Einstellungen. In einem klinischen Mikrosystem ist diese Kompetenz der Schlüssel zu einer patientenzentrierten Pflege, da sie es den Angehörigen der Gesundheitsberufe ermöglicht, die besonderen Bedürfnisse der verschiedenen Patienten zu verstehen und zu erfüllen. Sie ist auch entscheidend für die Führung eines vielfältigen Teams, da sie dazu beiträgt, das Verständnis, den gegenseitigen Respekt und den Zusammenhalt zwischen Teammitgliedern mit unterschiedlichem kulturellem Hintergrund zu fördern.

Beim Diversity Management hingegen geht es darum, ein integratives Umfeld zu schaffen, in dem die Vielfalt geschätzt und genutzt wird. Es geht darum, die Vielfalt im Team zu fördern, potenzielle Konflikte im Zusammenhang mit der Vielfalt zu bewältigen und sicherzustellen, dass alle Teammitglieder die gleichen Chancen haben, ihren Beitrag zu leisten und erfolgreich zu sein. Diese Kompetenzen sind im Gesundheitswesen besonders wichtig, da sowohl die Patienten als auch die Teams im Gesundheitswesen sehr vielfältig sind. Vielfältige Teams bringen unterschiedliche Perspektiven ein, was die Problemlösung und Innovation verbessern kann. Gleichzeitig kann kulturelle Kompetenz die Patientenzufriedenheit verbessern, da sich die Patienten verstanden, respektiert und umsorgt fühlen. Um diese Kompetenzen zu entwickeln, sollten sich Führungskräfte über verschiedene Kulturen informieren, ihre Vorurteile hinterfragen und sich bemühen, die Sichtweise anderer zu verstehen und sich in sie einzufühlen. Außerdem sollten sie eine Teamkultur fördern, in der Vielfalt geschätzt wird und alle Teammitglieder sich einbezogen und respektiert fühlen.

Leistung, Verantwortlichkeit und Ethik sind weitere wesentliche Führungskompetenzen in klinischen Mikrosystemen, die die

Säulen des Vertrauens, der Zuverlässigkeit und der beruflichen Integrität in einem Gesundheitsumfeld bilden.

- Leistungsmanagement ist der Prozess, mit dem Führungskräfte die Leistung ihrer Teams und der einzelnen Mitarbeiter in diesen Teams überwachen, bewerten und verbessern. Im Kontext klinischer Mikrosysteme bedeutet dies, klare Leistungserwartungen zu formulieren, regelmäßig Feedback zu geben, gute Leistungen anzuerkennen und Leistungsprobleme umgehend und konstruktiv anzugehen. Ein effektives Leistungsmanagement kann zu einer verbesserten Teamproduktivität, einer hochwertigeren Patientenversorgung und einer besseren Arbeitsmoral führen.

- Verantwortlichkeit bezieht sich auf die Bereitschaft, die Verantwortung für das eigene Handeln und die eigenen Entscheidungen zu übernehmen. Führungskräfte, die eine starke Verantwortlichkeit zeigen, übernehmen die Verantwortung für ihre Entscheidungen, stehen ihrem Team bei Erfolgen und Misserfolgen zur Seite und stellen sicher, dass die Verantwortlichkeiten innerhalb des Teams klar definiert und verstanden werden. In der interprofessionellen Umgebung klinischer Mikrosysteme, in der viel auf dem Spiel steht, ist die Übernahme von Verantwortung von größter Bedeutung für die Förderung des Vertrauens und die Gewährleistung einer effektiven Teamarbeit.

- Ethik bedeutet, die moralischen Grundsätze zu verstehen und zu befolgen, die das eigene Verhalten oder die Durchführung einer Tätigkeit bestimmen. Ethische Führung in klinischen Mikrosystemen bedeutet, die Grundsätze der Fairness, Ehrlichkeit, Vertraulichkeit und der Achtung der Würde bei allen Interaktionen mit Patienten, Teammitgliedern oder anderen Beteiligten zu wahren. Dies ist entscheidend für die Aufrechterhaltung des Vertrauens, den Schutz der

Patientenrechte und die Gewährleistung hoher Pflegestandards.

Die Entwicklung dieser Kompetenzen erfordert ein Engagement für berufliche Spitzenleistungen und einen auf den Menschen ausgerichteten Führungsansatz. Für das Leistungsmanagement müssen die Führungskräfte klare Leistungsindikatoren festlegen, regelmäßiges und konstruktives Feedback geben und eine Kultur des kontinuierlichen Lernens und der Verbesserung fördern. Im Hinblick auf die Rechenschaftspflicht sollten die Führungskräfte mit gutem Beispiel vorangehen, offene Kommunikation und Feedback fördern und eine Kultur ohne Schuldzuweisungen schaffen, in der Fehler als Lernchancen betrachtet werden. Was die Ethik betrifft, so müssen die Führungskräfte bei allen Aktivitäten und Entscheidungen die höchsten ethischen Standards einhalten und fördern und sicherstellen, dass ihre Teammitglieder dasselbe tun.

Übung: Entwicklung des Teams für klinische Mikrosysteme

Diese Übung zielt darauf ab, die Teamentwicklung innerhalb eines klinischen Mikrosystems durch Aktivitäten zu fördern, die gegenseitiges Verständnis, Vertrauen und Zusammenarbeit aufbauen. Sie ist für die Durchführung in einer Workshop-Situation konzipiert.

1. Team-Werte Aktivität:

Bitten Sie zu Beginn jedes Teammitglied, die fünf wichtigsten Werte, die seiner Meinung nach für eine erfolgreiche Teamarbeit im Gesundheitswesen wichtig sind, auf einzelne Klebezettel zu schreiben. Bitten Sie die Teammitglieder, ihre Zettel nacheinander auf eine große Tafel zu kleben und zu erklären, warum sie diese Werte ausgewählt haben. Sobald alle ihre Meinung geäußert haben, fassen Sie ähnliche Werte in Gruppen zusammen. Diskutieren und einigen Sie sich auf eine Reihe von zentralen Teamwerten, die das Verhalten und die Entscheidungsfindung Ihres Teams leiten werden.

2. Kreis der Stärken und Chancen:

Bitten Sie als Nächstes jedes Teammitglied, eine persönliche Stärke aufzuschreiben, die es in das Team einbringt, und einen Bereich, den es gerne weiter ausbauen würde. Gehen Sie durch den Raum und tauschen Sie sich aus. Dies fördert die Selbstreflexion, das persönliche Wachstum und das gegenseitige Verständnis der Teammitglieder.

3. Rollenspiel-Szenario:

Erstellen Sie ein Szenario aus dem Gesundheitswesen, das für Ihr klinisches Mikrosystem relevant ist, teilen Sie Ihr Team in kleinere Gruppen auf und bitten Sie es, in einem Rollenspiel darzustellen, wie es mit der Situation umgehen würde. Führen Sie anschließend eine Gruppendiskussion darüber, was gut funktioniert hat und was verbessert werden könnte. Dies bietet den Teammitgliedern einen sicheren Rahmen, um Problemlösungen und Entscheidungsfindung in einer unterstützenden Umgebung zu üben.

4. Vertrauensbildende Maßnahme:

Führen Sie eine Aktivität durch, die die Vertrauensbildung fördert, z. B. die klassische Übung "Vertrauensfall" oder eine Teamaufgabe, bei der man sich auf andere verlassen muss. Heben Sie die Bedeutung von Vertrauen im Gesundheitswesen hervor und diskutieren Sie, wie Sie das Vertrauen innerhalb des Teams fördern können.

5. Zielsetzung:

Leiten Sie abschließend eine Sitzung zur Festlegung von Teamzielen ein. Was sind die Ziele des Teams für die nächsten sechs Monate auf der Grundlage des Auftrags und der Vision des Teams? Welche Schritte sind erforderlich, um diese Ziele zu erreichen? Wer wird wofür verantwortlich sein? So entsteht eine gemeinsame Vision für die Zukunft des Teams und die Rolle jedes Einzelnen bei der Erreichung dieser Ziele wird klar definiert.

Beenden Sie die Sitzung mit der Verpflichtung jedes Teammitglieds, die Werte des Teams hochzuhalten und auf die gemeinsamen Ziele hinzuarbeiten. Ermutigen Sie sie, sich gegenseitig in ihrer Entwicklung zu unterstützen und Herausforderungen gemeinsam zu bewältigen. Ziel ist es, eine Teamkultur zu kultivieren, die abgestimmt, unterstützend und verantwortungsbewusst ist und sich auf kontinuierliche Verbesserungen konzentriert.

Kapitel 4: Strategische Planung in klinischen Mikrosystemen

Die strategische Planung spielt bei Clinical Microsystems eine wesentliche Rolle, da sie die Vision, die Ziele und die Maßnahmen festlegt, die die Patientenversorgung und die betriebliche Leistung bestimmen. Es handelt sich um einen Prozess, bei dem die Richtung festgelegt und Entscheidungen über die Zuweisung von Ressourcen, einschließlich Personal und Kapital, getroffen werden, um diese Strategie zu verfolgen. Im Gesundheitswesen geht es bei der strategischen Planung darum, sich ein Bild von der Zukunft der Patientenversorgung zu machen und die Schritte festzulegen, die zum Erreichen dieser Vision erforderlich sind. Sie liefert einen Fahrplan zur Steuerung des klinischen Mikrosystems und stellt sicher, dass alle Aktivitäten auf die übergeordneten Ziele ausgerichtet sind.

Strategische Planung in klinischen Mikrosystemen erfordert ein Verständnis der Gesundheitslandschaft, der spezifischen Bedürfnisse und Wünsche der Patienten sowie der Fähigkeiten und Möglichkeiten des Teams. Sie erfordert Einblicke in neue Trends, technologische Fortschritte und sich ändernde Vorschriften im Gesundheitswesen. Die Rolle der strategischen Planung ist vielschichtig. Sie gibt die Richtung für das klinische Mikrosystem vor, setzt Prioritäten für Initiativen, stimmt die Bemühungen des Teams aufeinander ab und bietet einen Rahmen für die Entscheidungsfindung. Durch die Festlegung klarer, strategischer Ziele wird die Energie des Teams auf das konzentriert, was für die Patientenversorgung am wichtigsten ist.

Strategische Planung fördert auch einen proaktiven statt reaktiven Umgang mit Veränderungen. Sie ermöglicht es dem klinischen Mikrosystem, künftige Herausforderungen und Chancen zu antizipieren und sich darauf vorzubereiten, anstatt nur darauf zu reagieren. Auf diese Weise verbessert die strategische Planung die

Agilität, Widerstandsfähigkeit und Leistung des Mikrosystems. Außerdem ist die strategische Planung in klinischen Mikrosystemen ein kollaborativer Prozess. Dabei werden alle Teammitglieder und oft auch die Patienten selbst in die Gestaltung der zukünftigen Versorgung einbezogen. Dieser integrative Ansatz bereichert die Strategie nicht nur mit unterschiedlichen Perspektiven, sondern fördert auch die Eigenverantwortung und das Engagement für ihre Umsetzung. Die strategische Planung spielt in klinischen Mikrosystemen eine zentrale Rolle. Sie ist nicht nur ein Instrument, um die Richtung vorzugeben und Entscheidungen zu treffen, sondern auch ein Prozess, um sich eine bessere Zukunft für die Patientenversorgung vorzustellen und kollektive Anstrengungen zu mobilisieren, um diese Vision zu verwirklichen.

Wenn man sich eingehender mit der strategischen Planung für klinische Mikrosysteme befasst, stellt man fest, dass es sich um einen komplexen, iterativen und gemeinschaftlichen Prozess handelt, der mehrere wichtige Schritte umfasst. Dieser strategische Planungsprozess verläuft nicht linear, sondern eher zyklisch und ermöglicht kontinuierliche Anpassungen und Verbesserungen, wenn sich das Gesundheitsumfeld weiterentwickelt und neue Erkenntnisse gewonnen werden.

- Umwelt-Scanning: Dazu gehört das Verständnis des externen und internen Umfelds, in dem das Mikrosystem arbeitet. Extern werden Faktoren wie die gesundheitspolitische Landschaft, demografische Trends, technologische Fortschritte und Wettbewerbskräfte untersucht. Intern werden die Stärken, Schwächen, Chancen und Risiken des Mikrosystems bewertet - eine SWOT-Analyse.

- Definition von Vision und Mission: Die Visionserklärung beschreibt den gewünschten zukünftigen Zustand des Mikrosystems, während die Missionserklärung den

Hauptzweck des Systems erläutert. Diese Aussagen geben dem Team eine langfristige Richtung und Inspiration.

- Festlegung von Zielen und Zielsetzungen: Auf der Grundlage der Vision und des Auftrags werden spezifische, messbare, erreichbare, relevante und zeitgebundene (SMART) Ziele und Vorgaben festgelegt. Diese bieten einen klaren Fahrplan für das Mikrosystem und eine Grundlage für die Leistungsmessung.

- Strategieformulierung: Hier wird festgelegt, wie das Mikrosystem seine Ziele erreichen will. Strategien können Initiativen wie die Verbesserung von Pflegeprozessen, die Nutzung von Technologien, die Entwicklung von Teamkompetenzen oder die Förderung der Patientenbeteiligung umfassen.

- Planung der Umsetzung: Dazu gehört die Festlegung der Maßnahmen, Zeitpläne, Zuständigkeiten und Ressourcen, die für die Umsetzung der Strategie erforderlich sind. Ein detaillierter Umsetzungsplan gewährleistet, dass die Strategie in umsetzbare Schritte umgesetzt wird und dass jeder seine Rolle in diesem Prozess kennt.

- Leistungsüberwachung: Dabei werden die Fortschritte bei der Verwirklichung der Ziele anhand von Indikatoren wie Patientenresultate, Prozesseffizienz, Teamzufriedenheit und finanzielle Leistung verfolgt. Eine regelmäßige Leistungsüberwachung ermöglicht rechtzeitige Anpassungen und kontinuierliche Verbesserungen.

- Überprüfung und Anpassung: Dies ist die letzte Phase, in der die Strategie bewertet wird und bei Bedarf Anpassungen auf der Grundlage von Feedback, Leistungsergebnissen und veränderten Bedingungen vorgenommen werden.

Während des gesamten Prozesses sind Engagement und Kommunikation von entscheidender Bedeutung. Alle Teammitglieder sollten in die strategische Planung einbezogen werden, da ihre Einsichten, ihre Zustimmung und ihr Engagement der Schlüssel zur erfolgreichen Umsetzung sind. Außerdem sollten der Plan und seine Fortschritte allen Beteiligten klar und regelmäßig mitgeteilt werden, um Transparenz und kollektive Rechenschaftspflicht zu fördern. Die strategische Planung in klinischen Mikrosystemen ist ein strenger, aber dynamischer Prozess, der es diesen kleinen Funktionseinheiten ermöglicht, die Komplexität des Gesundheitswesens zu bewältigen, ihre Leistung kontinuierlich zu verbessern und die bestmögliche Patientenversorgung zu gewährleisten.

Die Einbeziehung von Mitarbeitern und Interessengruppen in die strategische Planung ist ein entscheidender Aspekt einer erfolgreichen Umsetzung. Dieser kooperative Ansatz wird oft als partizipative Planung bezeichnet und trägt zur Erstellung robuster, realistischer und gut unterstützter strategischer Pläne bei. Wenn Mitarbeiter, darunter auch Fachkräfte aus dem Gesundheitswesen, in die strategische Planung einbezogen werden, bringen sie eine Fülle von betrieblichen Erkenntnissen, klinischem Fachwissen und Erfahrungen mit Patienteninteraktionen ein, die die Strategie erheblich bereichern können. Sie können dabei helfen, wichtige Probleme zu identifizieren, innovative Ideen zu entwickeln und praktische Lösungen vorzuschlagen, die mit der Realität der täglichen Arbeit übereinstimmen.

Die Beteiligung des Personals stärkt die Eigenverantwortung und das Engagement. Wenn die Mitarbeiter an der Ausarbeitung eines Plans beteiligt sind, ist es wahrscheinlicher, dass sie ihn verstehen, unterstützen und gewissenhaft ausführen. Diese Beteiligung kann die Strategieumsetzung und das Veränderungsmanagement erheblich erleichtern und zu besseren Ergebnissen führen. Interessenvertreter wie Patienten, ihre Familien, andere Gesundheitsdienstleister und sogar die breitere Öffentlichkeit können ebenfalls wertvolle Perspektiven in die strategische Planung einbringen. Sie können dem Mikrosystem dabei helfen, die Bedürfnisse, Erwartungen und Erfahrungen der Patienten besser zu verstehen und die Rollen und Erwartungen der anderen Gesundheitseinrichtungen zu klären. Ihr Beitrag kann dazu beitragen, dass die Strategie patientenzentriert und in das breitere Ökosystem der Gesundheitsversorgung integriert ist.

Die Einbeziehung von Mitarbeitern und Interessenvertretern in die strategische Planung erfordert eine klare Kommunikation, Aufgeschlossenheit und Respekt vor der Meinungsvielfalt. Dabei können verschiedene Methoden zum Einsatz kommen, z. B. Umfragen, Workshops, Fokusgruppen oder laufende Dialogforen. Sie kann auch Fähigkeiten zur Moderation erfordern, um konstruktive Diskussionen und Konsensbildung zu gewährleisten. Die Einbeziehung von Mitarbeitern und Interessengruppen in die strategische Planung ist nicht nur vorteilhaft, sondern für klinische Mikrosysteme von entscheidender Bedeutung. Die Strategie wird dadurch fundierter, praktischer und unterstützter, was ihr Potenzial zur Verbesserung der Patientenversorgung und der betrieblichen Leistung steigert.

Die Entwicklung einer gemeinsamen Mission, einer Vision und von Werten für das klinische Mikrosystem ist ein entscheidender Aspekt der strategischen Planung und dient als Kompass, der alle Handlungen und Entscheidungen innerhalb des Teams leitet. Sie dienen als Kompass für alle Handlungen und Entscheidungen innerhalb des Teams. Diese Komponenten sorgen für eine einheitliche Zielsetzung und ein gemeinsames Verständnis der Rolle des Mikrosystems in der Patientenversorgung, seiner Bestrebungen für die Zukunft und der Grundsätze, auf denen seine Aktivitäten beruhen. Das Leitbild sollte den Hauptzweck des Mikrosystems klar zum Ausdruck bringen. Es beantwortet die Fragen: Warum gibt es das Mikrosystem, und welchen grundlegenden Bedürfnissen dient es? Im Gesundheitswesen dreht sich der Auftrag oft um die Bereitstellung einer qualitativ hochwertigen, patientenzentrierten Versorgung.

Die Visionserklärung sollte ausdrücken, was das Mikrosystem in der Zukunft sein möchte. Sie ist eine zukunftsorientierte Erklärung, die ein langfristiges Ziel und eine Richtung vorgibt. Für ein klinisches Mikrosystem könnte die Vision darin bestehen, ein führender Anbieter in einem bestimmten Bereich der Versorgung zu werden, neue Ansätze für die Einbeziehung von Patienten zu entwickeln oder hervorragende Gesundheitsergebnisse zu erzielen. In der Werteerklärung sollten die Kernprinzipien und Verhaltensweisen beschrieben werden, die dem Mikrosystem wichtig sind. Zu diesen Werten können u. a. Professionalität, Mitgefühl, Teamarbeit, Innovation oder Integrität gehören. Sie dienen als Wegweiser für das Verhalten und die Entscheidungsfindung innerhalb des Mikrosystems. Die Entwicklung dieser Komponenten sollte ein kollektiver, umfassender Prozess sein, in den alle Teammitglieder einbezogen werden. Jeder sollte die Möglichkeit haben, seine Erkenntnisse und Ideen einzubringen, um sicherzustellen, dass die Mission, die Vision und die Werte wirklich die kollektive Identität und die Bestrebungen des Mikrosystems widerspiegeln.

Der Entwicklungsprozess kann Brainstorming-Sitzungen, moderierte Diskussionen oder andere partizipative Aktivitäten beinhalten. Es ist wichtig, einen sicheren, respektvollen Raum zu schaffen, in dem sich jeder wohl fühlt, seine Gedanken mitzuteilen, und in dem jede Idee berücksichtigt wird. Sobald der Auftrag, die Vision und die Werte definiert sind, sollten sie allen Teammitgliedern und anderen Beteiligten klar vermittelt werden. Sie sollten auch regelmäßig überprüft und gegebenenfalls angepasst werden, um in einem sich wandelnden Gesundheitsumfeld relevant und inspirierend zu bleiben. Eine gemeinsame Mission, Vision und Werte sind die Grundlage für die strategische Planung eines klinischen Mikrosystems. Sie vereinen das Team um einen gemeinsamen Zweck, eine gemeinsame Richtung und gemeinsame Prinzipien und fördern so die Ausrichtung, die Motivation und den Zusammenhalt.

Übung: Entwicklung einer gemeinsamen Mission, Vision und Werte für das klinische Mikrosystem

Die Entwicklung einer gemeinsamen Mission, Vision und Werte für ein klinisches Mikrosystem kann durch eine strukturierte Gruppenübung unter Beteiligung aller Teammitglieder erleichtert werden. Hier ist eine einfache Schritt-für-Schritt-Übung:

1. Vorbereitung:

Informieren Sie das Team über den Zweck der Übung, die Bedeutung eines gemeinsamen Auftrags, einer gemeinsamen Vision und gemeinsamer Werte sowie über ihre Rolle in diesem Prozess. Geben Sie Beispiele für Aussagen zu Mission, Vision und Werten im Gesundheitswesen, um ihr Denken anzuregen.

2. Individuelle Reflexion:

Bitten Sie jedes Teammitglied, einzeln darüber nachzudenken und aufzuschreiben, was die Mission (der Zweck), die Vision (die Bestrebungen) und die Werte (die Leitprinzipien) des Mikrosystems sein sollten. Geben Sie ihnen einige Leitfragen, um ihr Denken anzuregen. Zum Beispiel:

- Was ist unser Kernziel, der Grund, warum unser Mikrosystem existiert?
- Welche Zukunft wollen wir für unser Mikrosystem und unsere Patienten schaffen?
- Welche Grundsätze und Verhaltensweisen halten wir für besonders wichtig?

3. Gruppendiskussion:

Moderieren Sie anschließend eine Gruppendiskussion, in der jedes Teammitglied seine Ideen vorstellt. Ermutigen Sie zu einem offenen, respektvollen Dialog. Halten Sie alle Ideen auf einem Whiteboard oder Flipchart fest.

4. Synthese:

Diskutieren Sie in der Gruppe die wiederkehrenden Themen, Gemeinsamkeiten und Unterschiede in den gemeinsamen Ideen. Versuchen Sie, diese in Entwürfen für Mission, Vision und Werteerklärungen zusammenzufassen. Streben Sie einen Konsens an, aber wenn es unterschiedliche Ansichten gibt, sollten Sie eine Abstimmung in Betracht ziehen oder nach einigem Nachdenken auf diese Punkte zurückkommen.

5. Verfeinerung:

Verfeinern Sie die Erklärungsentwürfe, damit sie prägnant, klar und aussagekräftig sind. Stellen Sie sicher, dass sie den kollektiven Beitrag und die Bestrebungen des Teams genau widerspiegeln. Es kann sein, dass Sie mehrere Verfeinerungsrunden brauchen, um sie richtig zu machen.

6. Validierung:

Sobald Sie einen endgültigen Entwurf haben, sollten Sie ihn mit dem gesamten Team validieren. Vergewissern Sie sich, dass jeder der Meinung ist, dass die Aussagen den Zweck, die künftige Ausrichtung und die Grundsätze des Mikrosystems richtig wiedergeben.

7. Kommunikation und Integration:

Vermitteln Sie schließlich allen Beteiligten, einschließlich der Patienten, den vereinbarten Auftrag, die Vision und die Werte und integrieren Sie sie in die täglichen Praktiken, Entscheidungsprozesse, Leistungskennzahlen und Teamrituale. Denken Sie daran, dass diese Übung kein einmaliges Ereignis ist, sondern Teil eines kontinuierlichen Gesprächs. Überprüfen Sie diese Aussagen regelmäßig und überarbeiten Sie sie bei Bedarf, um sie relevant und inspirierend zu halten.

Kapitel 5: Entwicklung und Leitung von leistungsstarken klinischen Mikrosystemen

Ein gut funktionierendes klinisches Mikrosystem stützt sich auf die Zusammenarbeit eines multidisziplinären Teams mit unterschiedlichen Kompetenzen. Diese Teams bestehen nicht nur aus Ärzten, Krankenschwestern und anderen medizinischen Fachkräften, sondern auch aus Verwaltungs- und Hilfspersonal. Die Zusammensetzung des Teams sollte sorgfältig ausgewählt werden, um die Leistungen widerzuspiegeln, die das Mikrosystem erbringen soll. Jedes Teammitglied hat das Potenzial, einen bestimmten Patientenbedarf zu decken. Je nach Patientenpopulation und angebotenen Leistungen können diese Bedürfnisse das Fachwissen von Physio- und Ergotherapeuten, Sozialarbeitern, Apothekern, Gesundheitserziehern, Case Managern und anderen spezialisierten Rollen erfordern. Darüber hinaus bilden die Patienten und ihre Familien eine entscheidende Komponente dieses Teams, die die Gestaltung, den Betrieb und die Verbesserung des Mikrosystems vorantreibt.

In der komplizierten Struktur eines klinischen Mikrosystems hat jedes Teammitglied eine Aufgabe zu erfüllen. Der Clinical Leader, häufig ein erfahrener Kliniker, trägt die Verantwortung für die Führung des Teams, das Management komplexer klinischer Situationen und die Überwachung der Gesamtleistung des Mikrosystems. Hand in Hand mit dem Clinical Leader arbeitet der Operations Leader, der mit der Aufgabe betraut ist, die täglichen Abläufe zu managen, die sich auf die Zeitplanung, die Ressourcenzuweisung, die Budgetierung und die Sicherstellung der nahtlosen Erbringung von Dienstleistungen erstrecken können. Der Improvement Leader hingegen konzentriert sich darauf, die Qualität der Versorgung und die Effizienz des Mikrosystems voranzutreiben. Diese Rolle erfordert ein tiefes Verständnis von Verbesserungsmethoden und Datenanalyse, gepaart mit Geschicklichkeit bei der Leitung von Veränderungsinitiativen.

Das klinische Personal, einschließlich der Krankenschwestern und -pfleger, der Ärzte und anderer Fachkräfte des Gesundheitswesens, steht an vorderster Front und leistet die direkte Patientenversorgung. Ihre Aufgaben können je nach Schwerpunkt des Mikrosystems und der Patientenpopulation sehr unterschiedlich sein. Das klinische Personal wird durch die unschätzbaren Beiträge des Verwaltungspersonals, der Empfangsdamen, der medizinischen Assistenten und anderer unterstützt, die die effiziente und effektive Patientenversorgung optimieren.

Das Wesen der Führung in klinischen Mikrosystemen ist nicht auf eine einzelne Rolle oder Person beschränkt. Sie erfordert eine konzertierte Aktion des gesamten Teams. Der Schlüssel zu erfolgreicher Führung ist Folgendes: Die Schaffung einer gemeinsamen Vision für das Mikrosystem hilft dabei, die Bemühungen aufeinander abzustimmen und die Richtung vorzugeben. Sie befähigt den Einzelnen, auf ein gemeinsames Ziel hinzuarbeiten, und verleiht seiner Arbeit einen Sinn. Neben der Festlegung einer Vision kann die Übernahme von Verantwortung durch die Teammitglieder die Leistung des Mikrosystems erheblich steigern. Dazu muss ein Umfeld geschaffen werden, in dem jede Stimme zählt und jeder ermutigt wird, Ideen einzubringen und sich an Entscheidungsprozessen zu beteiligen.

Die Kommunikation spielt in diesem Zusammenhang eine zentrale Rolle. Die Führungskräfte müssen dafür sorgen, dass Informationen rechtzeitig und korrekt an die Teammitglieder weitergegeben werden. Außerdem müssen sie ein Umfeld fördern, in dem die Gedanken und Anliegen aller willkommen sind. Ergänzend zu den Kommunikationsbemühungen müssen die Führungskräfte auch eine Kultur des kontinuierlichen Lernens kultivieren. Dies ermutigt die Teams, ständig nach

Verbesserungen zu streben, indem sie Möglichkeiten zur ständigen Weiterbildung und Entwicklung von Fähigkeiten anbieten und regelmäßig über ihre Leistung reflektieren, um Verbesserungsmöglichkeiten zu ermitteln.

Der Erfolg eines klinischen Mikrosystems ist eng mit der Zusammensetzung des Teams und den Rollen, die es spielt, verbunden. Die Führungskräfte sollten sich bemühen, ein Umfeld zu schaffen, das die Beiträge aller Beteiligten anerkennt, eine offene Kommunikation fördert und zu kontinuierlicher Verbesserung anregt. Nur in einem solchen kollaborativen und iterativen Umfeld kann ein klinisches Mikrosystem seine Stärken ausspielen und eine qualitativ hochwertige, patientenzentrierte Versorgung bieten.

Die Schaffung einer Kultur der Zusammenarbeit und des Respekts innerhalb eines klinischen Mikrosystems ist entscheidend für dessen Erfolg. Ein solches Umfeld ermutigt alle Teammitglieder, gemeinsam an einer gemeinsamen Vision zu arbeiten, wobei gegenseitiger Respekt das Verständnis und die positive Interaktion zwischen den Teammitgliedern fördert. Eine solche Kultur wirkt sich positiv auf die Arbeitsmoral und das Engagement des Personals und letztlich auch auf die Qualität der Patientenversorgung aus. Effektive Zusammenarbeit und Respekt beruhen auf dem Verständnis, dass jeder Einzelne, unabhängig von seiner Rolle, einzigartige Fähigkeiten und Perspektiven mitbringt. Dieses Verständnis fördert die Wertschätzung der Vielfalt, unterstützt die Integration und fördert das Zugehörigkeitsgefühl innerhalb des Teams.

Erstens ist eine wirksame Kommunikation ein Schlüsselprinzip für die Förderung von Zusammenarbeit und Respekt. Dazu gehört aktives Zuhören, sich klar auszudrücken, die Perspektive anderer zu verstehen und konstruktives Feedback zu geben. Durch die Förderung eines offenen Dialogs und transparenter Gespräche können Missverständnisse minimiert und effektive Lösungen gemeinsam erarbeitet werden.

Zweitens ist es für die Entwicklung einer Kultur der Zusammenarbeit und des Respekts erforderlich, die Beiträge aller Teammitglieder anzuerkennen und zu würdigen. Regelmäßige Anerkennung und positive Verstärkung der Bemühungen aller Mitglieder können dazu beitragen, eine unterstützende Atmosphäre zu schaffen, in der sich jeder wertgeschätzt fühlt.

Und schließlich ist ein Gefühl der gemeinsamen Verantwortung von größter Bedeutung. Das bedeutet, dass jedes Teammitglied seine Rolle und Verantwortung versteht und die Rolle der anderen respektiert, was zu einem kooperativeren Arbeitsumfeld führt.

Der Weg zur Schaffung einer Kultur der Zusammenarbeit und des Respekts beginnt bei der Führung. Die Führungskräfte müssen die gewünschten Verhaltensweisen vorleben, indem sie die Zusammenarbeit aktiv fördern und im Umgang miteinander Respekt zeigen. Führungskräfte können die Zusammenarbeit fördern, indem sie ein sicheres und integratives Umfeld schaffen, in dem sich die Teammitglieder wohl fühlen, wenn sie Ideen und Meinungen austauschen. Dazu gehört es, unterschiedliche Standpunkte zu akzeptieren, innovatives Denken zu fördern und produktive Diskussionen zu ermöglichen. Die Förderung von kontinuierlichem Lernen und beruflicher Entwicklung ist ein weiterer wichtiger Schritt zur Förderung von Zusammenarbeit und Respekt. Indem sie den Teammitgliedern die Möglichkeit bieten, zu lernen und sich weiterzuentwickeln, fördern die Führungskräfte eine Kultur, in der jeder Einzelne motiviert ist, zum Erfolg des Teams beizutragen.

Die Entwicklung einer Kultur der Zusammenarbeit und des Respekts ist ein vielschichtiger Prozess, der von allen Teammitgliedern ein kontinuierliches Engagement erfordert. Wenn sich die Teammitglieder respektiert fühlen und in der Lage sind, effektiv zusammenzuarbeiten, ist die Wahrscheinlichkeit größer, dass sie engagiert und motiviert sind. Dies wiederum führt zu einer besseren Qualität der Patientenversorgung und unterstreicht die wesentliche Rolle, die eine Kultur der Zusammenarbeit und des Respekts für den Erfolg eines klinischen Mikrosystems spielt.

Motivation und Engagement sind entscheidende Faktoren bei der Schaffung eines leistungsstarken klinischen Mikrosystems. Engagierte und motivierte Teammitglieder tragen zu einem produktiveren, effizienteren und kreativeren Arbeitsplatz bei, was letztlich zu einer besseren Patientenversorgung führt. Sie übernehmen eher Verantwortung für ihre Aufgaben, suchen nach innovativen Lösungen und streben nach kontinuierlicher Verbesserung. Eine Schlüsselstrategie zur Förderung von Motivation und Engagement liegt in der Anerkennung und Wertschätzung der Bemühungen des Teams. Regelmäßiges Feedback, sowohl individuell als auch kollektiv, hilft den Teammitgliedern, ihre Rolle für den Erfolg des Mikrosystems zu verstehen. Das Feiern von Erfolgen, und seien sie noch so klein, und die Anerkennung von harter Arbeit und Engagement können erheblich zur Moral und Motivation beitragen.

Ein weiterer starker Motivator ist die Schaffung eines Sinns für Ziele. Eine gut formulierte Vision und Mission kann den Teammitgliedern ein Gefühl für Richtung und Zweck vermitteln. Das Verständnis für die Bedeutung ihrer Rolle bei der Verwirklichung dieser Vision trägt dazu bei, das Engagement und den Einsatz für ihre Arbeit zu fördern. Die Bereitstellung von Wachstums- und Entwicklungsmöglichkeiten ist entscheidend. Regelmäßige Schulungen, Weiterbildungsmöglichkeiten und Aufstiegschancen zeigen den Teammitgliedern, dass ihre berufliche Entwicklung geschätzt wird, was wiederum die Motivation und das Engagement erhöht. Die Förderung einer unterstützenden und integrativen Teamkultur ist eine wichtige Strategie für das Engagement. Wenn Teammitglieder das Gefühl haben, dass ihre Beiträge wertgeschätzt werden und ihr Wohlbefinden im Vordergrund steht, ist die Wahrscheinlichkeit größer, dass sie sich für ihre Arbeit engagieren.

Führungskräfte spielen eine zentrale Rolle bei der Förderung von Motivation und Engagement innerhalb ihrer Teams. Sie geben den Ton für das Arbeitsumfeld an, leben gewünschte Verhaltensweisen vor und schaffen Möglichkeiten für Wachstum und Entwicklung. Effektive Führungskräfte hören ihren Teammitgliedern zu, gehen auf ihre Bedürfnisse ein und schaffen eine Kultur des Respekts und der Zusammenarbeit. Sie kennen die einzigartigen Stärken und Fähigkeiten jedes einzelnen Teammitglieds und nutzen diese, um die Teamleistung und die Patientenversorgung zu verbessern. Motivation und Engagement sind entscheidende Elemente für den Erfolg eines klinischen Mikrosystems. Durch Strategien wie Anerkennung, das Schaffen von Sinn und Zweck, die Bereitstellung von Entwicklungsmöglichkeiten und die Förderung einer unterstützenden Teamkultur können Führungskräfte ihre Teams zu Höchstleistungen anspornen. Ein motiviertes und engagiertes Team erbringt mit größerer Wahrscheinlichkeit eine qualitativ hochwertige Patientenversorgung und steigert so die Leistung und den Erfolg des Mikrosystems.

Bewegung: Förderung von Engagement und Motivation

Zielsetzung: Identifizierung von Schlüsselbereichen für die Verbesserung der Teammotivation und des Engagements und Entwicklung umsetzbarer Schritte, um diese Bereiche innerhalb Ihres klinischen Mikrosystems anzugehen.

Benötigte Materialien: Flipchart oder Whiteboard, Marker, Notizblöcke und Stifte für jeden Teilnehmer.

Dauer: 60-90 Minuten

Schritt 1: Verstehen von Motivation und Engagement
Beginnen Sie mit einer kurzen Diskussion über Motivation und Engagement. Erläutern Sie die Konzepte und warum sie für ein hochleistungsfähiges klinisches Mikrosystem wichtig sind. Diskutieren Sie, wie motivierte und engagierte Teams zu einer effizienteren und besseren Patientenversorgung beitragen. (Dauer: 10 Minuten)

Schritt 2: Selbstbeurteilung
Bitten Sie jedes Teammitglied, über sein derzeitiges Maß an Motivation und Engagement nachzudenken. Lassen Sie sie aufschreiben, welche Aspekte sie an ihrer Arbeit motivierend finden und welche Bereiche ihrer Meinung nach verbessert werden könnten, um ihr Engagement zu steigern. (Dauer: 10 Minuten)

Schritt 3: Gruppendiskussion
Fordern Sie die Teammitglieder auf, ihre Gedanken mitzuteilen, wobei sie sich zunächst darauf konzentrieren sollten, was sie derzeit motiviert. Dokumentieren Sie diese Antworten auf dem Flipchart oder der Tafel. Dies wird dazu beitragen, gemeinsame Motivationsfaktoren innerhalb des Teams zu identifizieren. Diskutieren Sie als Nächstes die verbesserungswürdigen Bereiche und dokumentieren Sie diese ebenfalls. Stellen Sie sicher, dass alle Teilnehmer das Gefühl haben, gehört zu werden und dass ihr Beitrag geschätzt wird. (Dauer: 20 Minuten)

Schritt 4: Priorisierung der zu verbessernden Bereiche
Ermitteln Sie anhand der Diskussion gemeinsame Themen und fassen Sie diese zusammen. Entscheiden Sie im Team, welche Bereiche am wichtigsten sind und zuerst angegangen werden sollten. Ziel ist es, 2-3 Schlüsselbereiche für Verbesserungen auszuwählen. (Dauer: 15 Minuten)

Schritt 5: Entwicklung von Aktionsschritten
Sobald die Schlüsselbereiche identifiziert sind, arbeiten Sie gemeinsam an der Entwicklung umsetzbarer Schritte für jeden Bereich. Diese Schritte sollten spezifisch, messbar, erreichbar, relevant und zeitgebunden (SMART) sein. Legen Sie die Verantwortlichkeiten für jeden Handlungsschritt fest, um die Verantwortlichkeit zu gewährleisten. (Dauer: 25 Minuten)

Schritt 6: Follow-up
Planen Sie ein Folgetreffen, um die Fortschritte bei den Aktionsschritten zu überprüfen. Dieses Treffen sollte einige Wochen bis einen Monat nach der ersten Übung stattfinden, damit genügend Zeit bleibt, um Änderungen umzusetzen und erste Ergebnisse zu sehen. (Dauer: 5 Minuten)

Denken Sie daran, dass die Steigerung der Motivation und des Engagements ein fortlaufender Prozess ist. Führen Sie diese Übung regelmäßig durch, um die Motivation und das Engagement des Teams aufrechtzuerhalten, und passen Sie die Strategien bei Bedarf an die besonderen Bedürfnisse Ihres Teams und Ihres klinischen Mikrosystems an.

Kapitel 6: Verbesserung der Patientenversorgung und Sicherheit in klinischen Mikrosystemen[5]

Die Standardisierung ist ein Eckpfeiler dieser Verbesserung. Sie beinhaltet die Einführung und Durchsetzung von Standardarbeitsanweisungen für verschiedene Prozesse im Gesundheitswesen. Indem sichergestellt wird, dass alle Leistungserbringer im Gesundheitswesen identische Verfahren anwenden, kann das Fehlerpotenzial erheblich reduziert werden, was zu einer verbesserten Qualität der Versorgung führt. Die Anwendung von Daten in Entscheidungsprozessen ist eine weitere grundlegende Strategie. Die Nutzung von Daten zur Ermittlung von Trends bei den Patientenergebnissen, zum Aufzeigen verbesserungsbedürftiger Bereiche und zur Messung der Wirksamkeit verschiedener Maßnahmen kann die Patientensicherheit erheblich verbessern.

Effektive Teamarbeit und Kommunikation sind auch für die Gewährleistung der Patientensicherheit von entscheidender Bedeutung. Die Gefahr von Fehlern und Missverständnissen wird minimiert, wenn die Kommunikation klar und effektiv ist, was auch zu einer höheren Patientenzufriedenheit führt. Instrumente wie SBAR (Situation, Hintergrund, Bewertung, Empfehlung) können dazu beitragen, die Kommunikation zu standardisieren und eine effiziente Teamarbeit zu fördern. Ebenso wichtig ist die Förderung einer Kultur des kontinuierlichen Lernens und der Verbesserung. Wenn alle Mitglieder des klinischen Mikrosystems bereit sind, aus ihren Fehlern zu lernen und ständig nach Verbesserungsmöglichkeiten suchen, wird die Qualität der Patientenversorgung insgesamt verbessert. Regelmäßige

---

[5] Einen tieferen Einblick in die Leistungsverbesserung klinischer Mikrosysteme finden Sie unter https://clinicalmicrosystem.org

Schulungen, Feedback-Sitzungen und die Förderung von Innovationen sind Möglichkeiten, eine solche Kultur zu fördern.

Eine weitere zentrale Strategie ist die patientenzentrierte Pflege. Indem die Pflegepläne auf die spezifischen Bedürfnisse, Werte und Präferenzen der Patienten zugeschnitten werden, können die Patientenzufriedenheit und die Ergebnisse verbessert werden. Patientenbeteiligung, transparenter Informationsaustausch und Einbeziehung in die Entscheidungsfindung sind wirksame Methoden zur Umsetzung der patientenzentrierten Versorgung. Der Einsatz von Technologien wie elektronischen Gesundheitsakten (EHR), Entscheidungsunterstützungssystemen und Telemedizin kann ebenfalls eine wichtige Rolle bei der Verbesserung der Qualität und Sicherheit der Patientenversorgung spielen. Diese Instrumente können Fehler reduzieren, die Effizienz steigern und das Engagement der Patienten stärken.

Leistungsmessung und Feedback sind ein wesentlicher Bestandteil dieses Verbesserungsprozesses. Regelmäßige Leistungsbewertungen und Rückmeldungen an die Leistungserbringer können zu Verbesserungen motivieren, Fortschritte verfolgen und verbesserungsbedürftige Bereiche aufzeigen. Das Risikomanagement ist ein weiterer wichtiger Schwerpunktbereich. Durch die Ermittlung potenzieller Risiken und die Festlegung von Maßnahmen zu deren Minderung kann die Wahrscheinlichkeit von Fehlern minimiert und damit die Patientensicherheit verbessert werden. Regelmäßige Risikobewertungen, Risikomanagementpläne und Mitarbeiterschulungen zum Thema Risikomanagement sind in dieser Hinsicht wirksame Strategien.

Methoden wie Lean und Six Sigma, die den Schwerpunkt auf Abfallreduzierung, Effizienzsteigerung und Qualitätsverbesserung legen, können angewendet werden. Die Identifizierung von Verschwendung oder ineffizienten Bereichen, die Umsetzung von Änderungen und die Messung der

Auswirkungen dieser Änderungen können die Patientenversorgung und -sicherheit erheblich verbessern. Auch wenn diese Strategien die Patientenversorgung und -sicherheit in klinischen Mikrosystemen erheblich verbessern können, ist es wichtig zu bedenken, dass nicht jede Strategie in jeder Umgebung anwendbar ist. Daher sollten diese Strategien an den spezifischen Kontext und die Bedürfnisse des jeweiligen klinischen Mikrosystems angepasst werden.

Die Gewährleistung der Patientensicherheit im Gesundheitswesen ist von größter Bedeutung, und die Einhaltung bestimmter Standards und bewährter Verfahren ist der Schlüssel dazu. Diese Leitlinien tragen dazu bei, Schäden für die Patienten zu verringern und eine optimale Versorgung zu gewährleisten. Das Herzstück dieser bewährten Verfahren ist die Schaffung einer Sicherheitskultur in Gesundheitseinrichtungen. Die Schaffung eines Umfelds, in dem Mitarbeiter ohne Angst Fehler oder Beinaheunfälle melden können, ist von entscheidender Bedeutung, da diese Offenheit die Kommunikation, das Lernen aus Fehlern und die kontinuierliche Verbesserung fördert.

Die Einführung effizienter und anonymer Fehlermeldesysteme ist eine weitere wichtige Maßnahme. Solche Systeme ermöglichen es den Angehörigen der Gesundheitsberufe, Vorfälle zu melden, die zu einer Schädigung des Patienten führen könnten oder geführt haben. Die Analyse dieser Berichte ermöglicht es den Organisationen, Muster zu erkennen, die Ursachen von Fehlern zu verstehen und Strategien zur Vermeidung künftiger Vorfälle zu entwickeln. Die genaue Identifizierung von Patienten ist ebenfalls von entscheidender Bedeutung, um Fehler wie Fehldiagnosen oder die falsche Verabreichung von Medikamenten zu vermeiden. Dies kann durch die Verwendung mehrerer Identifikatoren wie Name, Geburtsdatum und Krankenaktennummer erreicht werden.

Im Hinblick auf die Arzneimittelsicherheit werden Praktiken wie Strichkodierungssysteme, Doppelkontrollverfahren und computergestützte Systeme zur Eingabe von Arztanweisungen eingesetzt, um Fehler zu vermeiden. Darüber hinaus gehören die Aufklärung des Fachpersonals über mögliche Wechselwirkungen von Medikamenten und die Durchführung regelmäßiger Medikamentenüberprüfungen zu diesem wichtigen Standard. Die Handhygiene ist zwar eine grundlegende Praxis, spielt aber eine entscheidende Rolle bei der Verhinderung von Infektionen im Zusammenhang mit dem Gesundheitswesen. Die Einhaltung der Handhygiene-Richtlinien von Organisationen wie der Weltgesundheitsorganisation (WHO) oder den Centers for Disease Control and Prevention (CDC) ist ein wesentlicher Standard. Die Verwendung von Checklisten, insbesondere bei komplexen Verfahren, kann nachweislich Fehler reduzieren und die Ergebnisse verbessern. Ein hervorragendes Beispiel ist die chirurgische Sicherheitscheckliste der WHO.

Ein weiterer wichtiger Standard ist die Ermutigung der Patienten, sich aktiv an ihrer Versorgung zu beteiligen. Dazu gehört die Aufklärung der Patienten über ihren Zustand, ihre Einbeziehung in Entscheidungsprozesse und die Förderung ihres Verständnisses von Sicherheitsmaßnahmen. Die Gewährleistung einer klaren und effektiven Kommunikation zwischen den Fachkräften des Gesundheitswesens sowie die Koordinierung der Pflege zwischen verschiedenen Anbietern und Einrichtungen sind ebenfalls von grundlegender Bedeutung für die Patientensicherheit. Die Standardisierung von Kommunikationsinstrumenten wie SBAR (Situation, Hintergrund, Beurteilung, Empfehlung) kann bei diesem Vorhaben sehr hilfreich sein. Die Schulung des Personals und die Befähigung der Mitarbeiter, ihre Aufgaben zu erfüllen, sind wichtige Aspekte der bewährten Verfahren zur Patientensicherheit. Regelmäßige Mitarbeiterschulungen zur Patientensicherheit sind von größter Bedeutung. Die Einhaltung von Protokollen zur Infektionsvorbeugung und -kontrolle, wie z. B. ordnungsgemäße Sterilisationsmethoden, Verwendung persönlicher Schutzausrüstung und Isolierungsverfahren, wenn nötig, ist ein grundlegender Standard.

Die Einhaltung dieser Standards und bewährten Verfahren verbessert zwar die Patientensicherheit und die Qualität der Pflege erheblich, doch sollten sie an die spezifischen Bedürfnisse und den Kontext des jeweiligen klinischen Mikrosystems angepasst werden. Außerdem ist es für Gesundheitsorganisationen wichtig, sich über die neuesten Erkenntnisse und Änderungen bei den Standards und Praktiken für die Patientensicherheit auf dem Laufenden zu halten.

Die Nutzung der Technologie in klinischen Mikrosystemen ist für die Verbesserung der Qualität der Patientenversorgung und der Sicherheit unerlässlich. In diesem Zusammenhang hat sich die Telemedizin als wichtige Komponente herauskristallisiert, die es den Patienten ermöglicht, aus der Ferne mit Gesundheitsdienstleistern zu interagieren. Dies mindert Infektionsrisiken, gewährleistet eine rechtzeitige Versorgung und ist besonders an Orten mit eingeschränktem Zugang zur Gesundheitsversorgung von Vorteil. Im Bereich des Patienteninformationsmanagements werden elektronische Gesundheitsakten (EHR) zum Eckpfeiler. Sie fassen alle gesundheitsbezogenen Daten eines Patienten auf einer einzigen, leicht zugänglichen Plattform zusammen und ebnen so den Weg für eine verbesserte Kommunikation zwischen den Leistungserbringern und die Minimierung von Fehlern aufgrund von Fehlkommunikation oder Informationsmangel. Fortschrittliche Technologien wie künstliche Intelligenz (KI) und maschinelles Lernen (ML) erweisen sich als transformativ für die Patientenversorgung und -sicherheit in klinischen Mikrosystemen. Durch die schnelle Analyse großer Datensätze und die Identifizierung wichtiger Muster können diese Technologien für die prädiktive Analytik, die diagnostische Bildgebung, die Verfolgung des Krankheitsverlaufs und die Anpassung personalisierter Behandlungsstrategien eingesetzt werden.

Das Aufkommen von Technologien zur Fernüberwachung von Patienten (Remote Patient Monitoring, RPM) verbessert die häusliche Patientenversorgung erheblich. Sie ermöglichen es den Gesundheitsdienstleistern, den Gesundheitszustand und die Vitalparameter eines Patienten aus der Ferne zu überwachen, was eine sofortige Reaktion der Pflege und ein effizientes Management chronischer Krankheiten erleichtert. In Verbindung damit können tragbare Geräte verschiedene Gesundheitsindikatoren wie Herzfrequenz, Blutdruck und Schlafmuster überwachen und so wichtige Daten für die Früherkennung von Gesundheitsproblemen liefern. Die Blockchain-Technologie in klinischen Mikrosystemen erhöht die Patientensicherheit durch den Schutz von Patientendaten und die Rückverfolgbarkeit. Sie trägt auch zur Rationalisierung der Lieferketten bei und verringert so die Verbreitung von Arzneimittelfälschungen. Die Robotik gewinnt in der Gesundheitsversorgung im Bereich der klinischen Mikrosysteme zunehmend an Bedeutung. Sie reichen von chirurgischen Robotersystemen, die die chirurgische Präzision verbessern, über Roboterassistenten für die Altenpflege bis hin zu automatisierten Liefersystemen in Krankenhäusern, die menschliches Versagen und die Gefahr von Kontaminationen verringern. Daneben revolutioniert die 3D-Drucktechnologie die Patientenversorgung, indem sie die Herstellung von maßgeschneiderten Prothesen, Zahnimplantaten und sogar biologisch gedruckten Geweben und Organen ermöglicht.

Sowohl Virtual Reality (VR) als auch Augmented Reality (AR) spielen eine wichtige Rolle bei der Patientenversorgung und -sicherheit. Während VR in der Schmerzbehandlung, der Rehabilitation, der psychologischen Therapie und der chirurgischen Ausbildung eingesetzt werden kann, erhöht AR die Sicherheit und Effizienz chirurgischer Eingriffe, indem sie dem Chirurgen kritische Informationen in Echtzeit überlagert. Die technologiegestützte Genommedizin setzt sich in der klinischen Mikrosystemtechnik immer mehr durch, da die

Genomsequenzierung von Individuen inzwischen Realität ist. Dieser Ansatz hilft bei der Erkennung von Krankheitsrisiken, dem Verständnis des Krankheitsverlaufs und der Entwicklung individueller Behandlungspläne. Um sicherzustellen, dass diese Technologien effektiv in die Patientenversorgung in klinischen Mikrosystemen integriert werden, ist es wichtig, sich mit Fragen wie Datenschutz und -sicherheit, Gesundheitskompetenz und gleichberechtigtem Zugang zu Technologien für verschiedene sozioökonomische Gruppen auseinanderzusetzen. Außerdem müssen die Angehörigen der Gesundheitsberufe umfassend geschult werden, damit sie diese Technologien effektiv nutzen können.

Übung: Verbesserung von Qualität und Sicherheit in klinischen Mikrosystemen

Zielsetzung: Die Teilnehmer sollen besser verstehen, wie Technologie zur Verbesserung der Qualität und Sicherheit der Patientenversorgung in klinischen Mikrosystemen eingesetzt werden kann.

Teil 1: Die Rolle der Technologie in der Patientenversorgung verstehen (30 Minuten)

Anweisungen: Die Teilnehmer werden in kleine Gruppen aufgeteilt. Jede Gruppe erhält eine bestimmte Technologie (EHRs, KI und ML, RPM, Blockchain, Robotik, 3D-Druck, VR/AR, Genomische Medizin). Jede Gruppe wird:

- Erforschen Sie, wie die eingesetzte Technologie die Patientenversorgung und -sicherheit verbessern kann.
- Erörtern Sie die potenziellen Herausforderungen bei der Umsetzung dieser Technologie in einem klinischen Mikrosystem.

- Bereiten Sie eine kurze Präsentation (5 Minuten) vor, um ihre Ergebnisse der größeren Gruppe vorzustellen.

Teil 2: Rollenspiele - Einführung von Technologie (1 Stunde)

Anweisungen: Auf der Grundlage der in Teil 1 gesammelten Informationen soll jede Gruppe in einem Rollenspiel darstellen, wie sie die zugewiesene Technologie in einem klinischen Mikrosystem einsetzen würde. Berücksichtigen Sie die folgenden Punkte:

- Wie werden Sie den Datenschutz und die Datensicherheit gewährleisten?
- Wie werden Sie sicherstellen, dass Patienten und Gesundheitsdienstleister diese Technologie effektiv nutzen können?
- Wie wird diese Technologie die Qualität und Sicherheit verbessern?
- Wie werden Sie die in Teil 1 genannten Herausforderungen bewältigen?

Nach jedem Rollenspiel gibt die größere Gruppe Feedback zur Umsetzungsstrategie.

Teil 3: Interdisziplinäre Zusammenarbeit (30 Minuten)

Anweisungen: Die Gruppen werden neu gemischt, um Mitglieder aus jeder der ursprünglichen technologieorientierten Gruppen aufzunehmen. Diese neuen Gruppen werden:

- Identifizieren Sie ein Szenario für die Patientenversorgung, bei dem mehrere Technologien zusammen eingesetzt werden können, um die Patientenversorgung und -sicherheit zu verbessern.

- Erörtern Sie, wie diese Technologien integriert werden können und welche Herausforderungen sich aus dieser Integration ergeben können.
- Skizzieren Sie eine Strategie zur effektiven Implementierung und Verwaltung dieser integrierten Technologien in dem gewählten Szenario der Patientenversorgung.

Jede Gruppe stellt ihre integrierte Technologiestrategie der größeren Gruppe vor, um Feedback zu erhalten.

Teil 4: Reflexion (30 Minuten)

Anweisungen: Die Teilnehmer reflektieren individuell, was sie in der Übung gelernt haben. Jeder Teilnehmer wird:

- Schreiben Sie drei wichtige Erkenntnisse aus der Übung auf.
- Nennen Sie eine Technologie, die sie als besonders wichtig für die Patientenversorgung und -sicherheit erachten, und erklären Sie, warum.
- Vorschlagen von Strategien zur Bewältigung der während der Übung ermittelten Herausforderungen.

Nachbesprechung und nächste Schritte (15 Minuten)
Der Moderator wird eine Gruppendiskussion leiten, um die Erkenntnisse aus der Übung zu konsolidieren. Die Teilnehmer tauschen ihre Überlegungen aus, und die Gruppe diskutiert mögliche nächste Schritte für die Umsetzung dieser Technologien in ihren eigenen klinischen Mikrosystemen.

Kapitel 7: Management des Wandels in klinischen Mikrosystemen

Change Management ist eine systematische Methodik für den Umgang mit dem Übergang oder der Umgestaltung von Zielen, Prozessen oder Technologien einer Organisation. Das Hauptziel ist die Umsetzung von Veränderungsstrategien, die Kontrolle von Veränderungen und die Unterstützung von Einzelpersonen, Teams und Organisationen bei der Anpassung an den Wandel. Dieser Ansatz kann im Gesundheitswesen effektiv angewendet werden, wenn man die Erkenntnisse von Theoretikern wie Albert Bandura und John P. Kotter nutzt.

Die Theorie des sozialen Lernens von Albert Bandura ist ein wertvoller Rahmen für das Verständnis des Veränderungsmanagements. Diese Theorie besagt, dass Lernen in einem sozialen Kontext stattfindet, in dem Menschen durch Beobachtung, Nachahmung und Modellierung voneinander lernen. Wenn man diese Theorie auf das Gesundheitswesen anwendet, wird deutlich, wie wichtig es ist, ein Umfeld zu schaffen, das das Lernen durch Beobachtung und soziale Interaktion fördert. Wenn beispielsweise eine neue Technologie in ein klinisches Mikrosystem eingeführt wird, kann es für Fachkräfte im Gesundheitswesen von Vorteil sein, ihre Kollegen bei der Anwendung der neuen Technologie zu beobachten. Dieses Beobachtungslernen kann das Verständnis für die neue Technologie verbessern und Ängste vor deren Einsatz abbauen. In diesem Umfeld kann der Austausch von Erfahrungen und Erfolgsgeschichten andere Fachkräfte dazu motivieren, die neuen Verfahren zu übernehmen.

Das Konzept des Veränderungsmanagements im Gesundheitswesen kann auch vom 8-Schritte-Modell für Veränderungen von John P. Kotter profitieren. Der erste Schritt von Kotter besteht darin, ein Gefühl der Dringlichkeit zu schaffen, indem die Notwendigkeit von Veränderungen erkannt und kommuniziert wird. Anschließend wird ein Team zusammengestellt, das über genügend Einfluss verfügt, um den Wandel zu lenken, und eine schlagkräftige Koalition bildet. Es wird eine Vision für die Veränderung entwickelt, die die notwendigen Strategien zur Erreichung dieser Vision klar umreißt. Diese Vision wird dann allen beteiligten Personen mitgeteilt, um sicherzustellen, dass jeder die Gründe für die Veränderung und die zu ihrer Verwirklichung erforderlichen Schritte versteht. Der nächste Schritt besteht darin, alle Hindernisse zu ermitteln und zu beseitigen, die der Veränderung im Wege stehen könnten. Anschließend werden erkennbare kurzfristige Erfolge oder Verbesserungen geplant und erzielt. Um die Dynamik aufrechtzuerhalten, schlägt Kotter vor, die erfolgreichen Elemente zu analysieren und auf ihnen aufzubauen, um den Veränderungsprozess zu beschleunigen. Um schließlich sicherzustellen, dass die Veränderung auf Dauer Bestand hat, sollte sie in die grundlegende Unternehmenskultur integriert werden.

Wenn ein Krankenhaus beispielsweise von Papiergesundheitsakten auf ein elektronisches System umstellt, kann das Modell von Kotter einen klaren Fahrplan für diesen Prozess liefern. Wenn klar kommuniziert wird, warum die Veränderung notwendig ist, wer die Bemühungen leitet und wie das neue System die Patientenversorgung verbessern wird, ist es wahrscheinlicher, dass die Fachkräfte im Gesundheitswesen die Umstellung verstehen und unterstützen. Die Umsetzung der nachfolgenden Schritte kann dazu beitragen, dass die Veränderung effektiv und nachhaltig umgesetzt wird. Wenn der Wandel im Gesundheitswesen effektiv gehandhabt wird, kann er zu erheblichen Verbesserungen in der Patientenversorgung und -sicherheit führen. Die Theorien von Bandura und Kotter bieten wertvolle Einblicke und einen praktischen Rahmen für das Management von Veränderungen in diesen Bereichen.

Die Anwendung von Theorien des Veränderungsmanagements auf klinische Mikrosysteme kann sowohl den Prozess als auch das Ergebnis von Veränderungen in diesen Bereichen verbessern und dadurch die Patientenversorgung und -sicherheit erhöhen. Die Anwendung der Theorie des sozialen Lernens von Albert Bandura in einem klinischen Mikrosystem impliziert die Schaffung einer förderlichen Umgebung, die das Lernen durch Beobachtung und Interaktion begünstigt. Wenn ein neues Verfahren, eine neue Praxis oder eine neue Technologie eingeführt wird, kann die Möglichkeit, dass Fachkräfte des Gesundheitswesens ihre Kollegen in Aktion beobachten, ein wirksames Lerninstrument sein. Nehmen wir zum Beispiel die Einführung eines neuen elektronischen Patientendatensystems. Anstatt sich ausschließlich auf Schulungen zu verlassen, kann es das Verständnis und die Akzeptanz unter den Kollegen erheblich verbessern, wenn die ersten Anwender des Systems dessen Verwendung in Echtzeit demonstrieren. Auf diese Weise können auch mögliche Ängste vor der Nutzung des neuen Systems abgebaut werden. Wenn Fachkräfte des Gesundheitswesens ermutigt werden, ihre Erfahrungen und Erfolge mit dem neuen System mitzuteilen, kann dies andere noch mehr motivieren, die Veränderung anzunehmen.

Das 8-stufige Veränderungsmodell von John P. Kotter kann auch bei der Bewältigung von Veränderungen in klinischen Mikrosystemen hilfreich sein. Zunächst ist es entscheidend, zu vermitteln, warum die Veränderung - wie die Umstellung auf ein neues Behandlungsprotokoll oder die Einführung einer neuen Technologie - notwendig ist. Der Aufbau einer starken Koalition von Führungspersönlichkeiten kann helfen, den Transformationsprozess voranzutreiben. Die Schaffung einer klaren Vision, wie die Veränderung die Patientenversorgung oder die Sicherheit verbessern wird, kann die Notwendigkeit der Veränderung greifbarer machen. Kommunikation ist der Schlüssel - jedes Mitglied des Mikrosystems sollte die Vision und die zu ihrer Verwirklichung erforderlichen Schritte verstehen.

Die Überwindung von Hindernissen für den Wandel ist ein weiterer wichtiger Schritt. Dazu können Widerstände der Mitarbeiter, technische Probleme oder zeitliche Beschränkungen gehören. Kurzfristige Erfolge anzuerkennen und zu feiern, kann den Schwung aufrechterhalten. So kann beispielsweise die Hervorhebung verbesserter Patientenergebnisse oder die Verringerung von Fehlern nach den ersten Phasen eines neuen Verabreichungsprotokolls das Team motivieren, das neue Verfahren vollständig zu übernehmen. Um den Schwung aufrechtzuerhalten, sollten erfolgreiche Aspekte der Veränderung verstärkt und ausgebaut werden. Um schließlich die Nachhaltigkeit der Veränderung zu gewährleisten, muss sie Teil der Kernkultur des Mikrosystems werden.

Die Anwendung der Theorien zum Veränderungsmanagement von Denkern wie Bandura und Kotter kann den Prozess und die Ergebnisse von Veränderungen in klinischen Mikrosystemen erheblich verbessern. Durch die Berücksichtigung des sozialen Lernens und eines systematischen Ansatzes für die Umsetzung von Veränderungen können Fachkräfte im Gesundheitswesen besser in die Lage versetzt werden, sich an neue Praktiken anzupassen, was letztlich zu einer verbesserten Patientenversorgung und Sicherheit führt.

Das Verständnis für die Art des Wandels im Gesundheitswesen auf der Ebene der einzelnen Abteilungen, z. B. einer Station, einer Abteilung oder einer Klinik, ist entscheidend für die wirksame Steuerung und Umsetzung von Veränderungen. Diese Veränderungen können von der Änderung von Verfahren und der Einführung neuer Technologien bis zur Umsetzung neuer Pflegemodelle oder Initiativen zur Qualitätsverbesserung reichen.

In diesen kleineren Umgebungen auf Einheitsebene ist der Wandel oft greifbarer und unmittelbarer. Der Einzelne kann die direkte Auswirkung seines Handelns erkennen und sehen, wie es zum Gesamtziel beiträgt. Daher sind hier das Engagement und die

Zustimmung der Mitarbeiter entscheidend. Allerdings sind diese Umgebungen aufgrund der engen Beziehungen und der etablierten Routinen auch anfälliger für Widerstand gegen Veränderungen. Hier sind Strategien für das Veränderungsmanagement besonders wichtig.

Veränderungen auf Abteilungsebene beginnen oft damit, dass ein Verbesserungsbedarf erkannt wird, z. B. ein Qualitätsdefizit in der Patientenversorgung, ein ineffizienter Prozess oder eine technologische Neuerung. Die Dringlichkeit und Bedeutung der Veränderung muss dem gesamten Team klar vermittelt werden, damit jeder versteht, warum sie notwendig ist. Im Rahmen der Theorie des sozialen Lernens von Bandura spielen die Kollegen eine entscheidende Rolle bei der Modellierung neuer Verhaltensweisen. Die Beobachtung eines Kollegen, der ein neues Verfahren oder eine neue Technologie erfolgreich einführt, kann das Vertrauen und die Motivation innerhalb der Abteilung fördern. Andererseits kann die Beobachtung von Schwierigkeiten oder Misserfolgen mögliche Hindernisse aufzeigen, die beseitigt werden müssen.

Bei der Umsetzung des 8-Schritte-Modells von Kotter auf Referatsebene ist es wichtig, eine führende Koalition von Führungskräften innerhalb des Referats aufzubauen. Dazu können der Abteilungsleiter, erfahrene Mitarbeiter und diejenigen gehören, die dem Wandel gegenüber aufgeschlossen sind. Sie können dabei helfen, eine gemeinsame Vision für die Veränderung zu entwickeln, diese Vision dem Rest des Teams zu vermitteln und die Abteilung durch den Übergang zu führen. Ein entscheidender Schritt in diesem Prozess ist die Überwindung von Hindernissen, wie z. B. Widerstand gegen Veränderungen oder technische Herausforderungen. Dies kann zusätzliche Schulungen, die Behebung technischer Probleme oder die Beseitigung von Bedenken innerhalb des Teams beinhalten. Frühe Erfolge anzuerkennen und zu feiern, kann die Dynamik fördern und die Vorteile der Veränderung unterstreichen.

Wenn man auf diesen ersten Erfolgen aufbaut, kann man die erzielten Gewinne konsolidieren und den Veränderungsprozess beschleunigen. Damit die Veränderung von Dauer ist, muss sie in die Kultur, die Routinen und die täglichen Praktiken der Abteilung eingebettet werden. Das bedeutet, dass die neuen Verhaltensweisen konsequent verstärkt werden müssen, dass anhaltende Erfolge gefeiert werden müssen und dass sichergestellt werden muss, dass die Veränderung zu einer "Art und Weise, wie wir die Dinge hier tun" wird.

Indem sie die Besonderheiten des Wandels auf der Ebene der einzelnen Einheiten verstehen, können Gesundheitsorganisationen Veränderungen effektiver planen und bewältigen, was letztlich zu einer Verbesserung der Pflegequalität und der Patientensicherheit führt. Die wirksame Bewältigung des Wandels auf der Ebene des klinischen Mikrosystems erfordert einen umfassenden, strategischen Ansatz. Im Folgenden werden einige Strategien vorgestellt, die auf den Grundsätzen des Veränderungsmanagements und den Theorien von Albert Bandura und John P. Kotter basieren.

- Fördern Sie ein gemeinsames Verständnis für die Notwendigkeit von Veränderungen: Beginnen Sie damit, klar zu formulieren, warum eine Veränderung notwendig ist. Ganz gleich, ob es sich um eine verbesserte Behandlungsmethode, eine neue Technologie oder eine Änderung der Patientenpflegeprotokolle handelt, jedes Mitglied des Mikrosystems sollte den Grund für die Veränderung und den erwarteten Nutzen verstehen.

- Entwickeln Sie eine klare Vision und Ziele: Die Entwicklung einer überzeugenden Vision für den zukünftigen Zustand nach der Veränderung, zusammen mit spezifischen, messbaren Zielen, liefert einen Fahrplan für den Veränderungsprozess. Diese Vision sollte kontinuierlich kommuniziert werden, um alle Beteiligten zu motivieren und bei der Stange zu halten.

- Förderung der aktiven Beteiligung und des Engagements: Eine Veränderungsinitiative wird mit größerer Wahrscheinlichkeit erfolgreich sein, wenn sie von den Betroffenen unterstützt wird. Ermutigen Sie alle Teammitglieder von Anfang an zur aktiven Teilnahme und stellen Sie sicher, dass sie sich gehört und in den Prozess einbezogen fühlen.

- Gewünschte Verhaltensweisen vorleben: In Anlehnung an Banduras Theorie des sozialen Lernens sollten diejenigen, die den Wandel anführen, die gewünschten Verhaltensweisen vorleben. Wenn man sieht, wie vertrauenswürdige Kollegen den Wandel erfolgreich bewältigen, kann man andere dazu motivieren, es ihnen gleichzutun.

- Schaffen Sie ein günstiges Umfeld für Lernen und Anpassung: Veränderungen erfordern oft das Erlernen neuer Fähigkeiten oder die Anpassung an neue Prozesse. Ein unterstützendes Umfeld, das Schulungen, Ressourcen und Raum für Versuch und Irrtum bietet, kann diesen Übergang erleichtern.

- Proaktiver Umgang mit Widerständen: Widerstände gegen Veränderungen sind normal und sollten erwartet werden. Sprechen Sie Bedenken offen an, bieten Sie, wenn möglich, Zusicherungen an und zeigen Sie Verständnis für diejenigen, die mit dem Übergang zu kämpfen haben.

- Feiern Sie kleine Erfolge und bauen Sie Schwung auf: In Anlehnung an das Modell von Kotter kann das Anerkennen und Feiern von frühen Erfolgen die Moral stärken und eine Dynamik aufbauen. Diese schnellen Erfolge können als Beweis dafür dienen, dass die Anstrengungen, die alle Beteiligten unternehmen, zu Verbesserungen führen.

- Sicherstellung der Nachhaltigkeit: Damit der Wandel dauerhaft ist, muss er in den täglichen Routinen und der Kultur des Mikrosystems verankert werden. Kontinuierliche Verstärkung, Überprüfungen und Erfolgsfeiern können dazu beitragen, neue Praktiken und Verhaltensweisen zu festigen.

Durch die Anwendung dieser Strategien können Führungskräfte im Gesundheitswesen reibungslose Übergänge erleichtern, Widerstände abbauen und sicherstellen, dass Veränderungen zu echten, nachhaltigen Verbesserungen der Patientenversorgung und -sicherheit auf der Ebene des Mikrosystems führen. Die Bewältigung von Widerständen gegen Veränderungen ist eine entscheidende Komponente eines erfolgreichen Veränderungsmanagements auf der Ebene des klinischen Mikrosystems. Widerstand, der oft als Hindernis angesehen wird, ist eine natürliche menschliche Reaktion auf Veränderungen, insbesondere wenn die Veränderung Auswirkungen auf etablierte Routinen oder Praktiken hat. Es ist wichtig zu wissen, dass Widerstand aus echten Bedenken, Angst vor dem Unbekannten oder dem Gefühl, vom Entscheidungsprozess ausgeschlossen zu sein, entstehen kann.

Angesichts von Widerständen ist es wichtig, offen zu kommunizieren und zuzuhören. Die Quelle des Widerstands zu verstehen, kann wertvolle Erkenntnisse darüber liefern, welche Bedenken die Teammitglieder haben und wie diese entschärft werden können. Aktives Zuhören zeugt von Einfühlungsvermögen und Respekt für die Sichtweisen der Teammitglieder. Beziehen Sie Einzelpersonen frühzeitig und häufig in den Veränderungsprozess ein. Wenn Teammitglieder die Möglichkeit haben, sich an der Entscheidungsfindung zu beteiligen, fühlen sie sich verantwortlich, was den Widerstand verringern und die Unterstützung für die Initiative erhöhen kann.

Schulung und Ausbildung sind ebenfalls wichtige Komponenten zur Überwindung von Widerständen. Die Menschen sind eher bereit, sich auf Veränderungen einzulassen, wenn sie sich kompetent fühlen und Vertrauen in ihre Fähigkeiten haben, neue Aufgaben zu erfüllen. Ausreichende Schulungsressourcen, Gelegenheiten zum Üben und Raum für Fragen können helfen, dieses Vertrauen aufzubauen.

Schaffen Sie ein Umfeld, das Fehler toleriert und zum Lernen ermutigt. Veränderungen verlaufen selten genau wie geplant, und die Teammitglieder müssen sich sicher fühlen, dass sie Fehler machen und aus ihnen lernen können, ohne Bestrafungen befürchten zu müssen.

Das Verständnis und die Bewältigung von Veränderungen auf der Ebene des klinischen Mikrosystems ist eine komplexe, aber entscheidende Aufgabe. Vom Erkennen der Notwendigkeit von Veränderungen über deren Umsetzung mithilfe bewährter Change-Management-Modelle, wie sie von Albert Bandura und John P. Kotter vorgeschlagen wurden, bis hin zum effektiven Umgang mit Widerständen ist jeder Schritt von Bedeutung. Die Fähigkeit, diese Veränderungen erfolgreich zu bewältigen, kann zu verbesserten Prozessen, besserer Patientenversorgung und höherer Sicherheit führen. Durch die Förderung einer Kultur des kontinuierlichen Lernens, Engagements und der Anpassung können Führungskräfte im Gesundheitswesen sicherstellen, dass ihre klinischen Mikrosysteme für die unvermeidlichen Veränderungen der Zukunft gut gerüstet sind. Durch diese kleinen Veränderungen auf Einheitsebene können wir auf groß angelegte Verbesserungen in unseren Gesundheitssystemen hoffen.

Übung: Anwendung der Theorie des sozialen Lernens von Bandura und des 8-Schritte-Veränderungsmodells von Kotter

Zielsetzung: Diese Übung zielt darauf ab, eine praktische Anwendung der Theorie des sozialen Lernens von Bandura und des 8-Schritte-Veränderungsmodells von Kotter für das Management von Veränderungen innerhalb eines klinischen Mikrosystems zu vermitteln. Die Teilnehmer werden ein hypothetisches Veränderungsszenario durcharbeiten, um zu verstehen, wie diese Theorien den Prozess leiten können.

Szenario: Stellen Sie sich vor, dass Ihr klinisches Mikrosystem von den herkömmlichen Gesundheitsakten auf Papier auf ein neues elektronisches Gesundheitsaktensystem (EHR) umgestellt wird.

Anweisungen:

Ermitteln Sie die Notwendigkeit der Veränderung: Schreiben Sie auf, warum diese Veränderung notwendig ist und wie sie die Patientenversorgung und Sicherheit in Ihrem Mikrosystem verbessern könnte.

Schaffen Sie eine Vision für den Wandel: Entwickeln Sie eine Vision davon, wie die Patientenversorgung in Ihrem Mikrosystem aussehen wird, sobald das EHR-System vollständig eingeführt ist. Geben Sie konkrete Ziele an und erläutern Sie, wie das neue System sowohl den Patienten als auch den Gesundheitsdienstleistern zugutekommen wird.

Bilden Sie eine Führungskoalition: Ermitteln Sie innerhalb Ihres Teams Personen, die als Führungspersönlichkeiten für den Wandel in Frage kommen. Überlegen Sie, wer den Einfluss, die Fähigkeiten und den Enthusiasmus hat, diese Veränderung voranzutreiben.

Kommunizieren Sie die Vision: Planen Sie eine Teambesprechung, in der Sie die Notwendigkeit des Wandels, die Vision und den Beitrag, den jedes Teammitglied leisten kann, erläutern. Überlegen Sie, wie Sie diese Botschaft klar, inspirierend und einprägsam vermitteln können.

Gewünschte Verhaltensweisen modellieren (Bandura): Ermitteln Sie im Rahmen der Umstellung auf das EHR bestimmte Verhaltensweisen oder Fähigkeiten, die die Teammitglieder erlernen müssen. Entwickeln Sie einen Plan, wie diese Verhaltensweisen innerhalb Ihres Teams modelliert und beobachtet werden können, basierend auf der Theorie des sozialen Lernens von Bandura.

Widerstände und Hindernisse berücksichtigen: Rechnen Sie mit möglichen Widerständen oder Hindernissen bei der Einführung des EHR-Systems. Planen Sie Strategien, wie Sie diese Probleme proaktiv angehen können.

Planen und schaffen Sie kurzfristige Erfolge (Kotter): Ermitteln Sie mögliche kurzfristige Erfolge, die schon früh im Übergangsprozess gefeiert werden könnten. Planen Sie, wie Sie diese Erfolge dem Team mitteilen, um eine Dynamik aufzubauen.

Veränderungen in der Kultur verankern: Überlegen Sie abschließend, wie Sie die Nutzung des EHR-Systems in die regulären Routinen und die Kultur Ihres Mikrosystems einbinden können, um sicherzustellen, dass die Veränderung im Laufe der Zeit nachhaltig ist.

Durch die Bearbeitung dieser Übung erhalten Sie ein praktisches Verständnis dafür, wie die Theorie des sozialen Lernens von Bandura und das 8-Schritte-Veränderungsmodell von Kotter angewandt werden können, um Veränderungen in einem klinischen Mikrosystem effektiv zu bewältigen. Auf diese Weise kann sichergestellt werden, dass der Übergang reibungslos verläuft, Widerstände bewältigt werden und der Wandel zu echten, dauerhaften Verbesserungen bei der Patientenversorgung und -sicherheit führt.

Kapitel 8: Fallstudien zur Führung von klinischen Mikrosystemen

Die Führung klinischer Mikrosysteme spielt eine wesentliche Rolle bei der Gewährleistung erfolgreicher Veränderungen und Verbesserungen in der Patientenversorgung und -sicherheit. Um dies weiter zu erforschen, werden wir mehrere Fallstudien untersuchen, die effektive Führung in verschiedenen Arten von klinischen Mikrosystemen hervorheben.

Fallstudie 1: Verbesserung der Händehygiene in einer pädiatrischen Abteilung

Ein klinisches Mikrosystem in einer pädiatrischen Abteilung eines großen städtischen Krankenhauses kämpfte mit suboptimalen Handhygiene-Compliance-Raten, was zu überdurchschnittlich hohen Infektionsraten führte. Der Stationsleiter erkannte die Notwendigkeit von Verbesserungen und teilte dem gesamten Team die Dringlichkeit mit, um ein umfassendes Handhygieneprogramm zu entwickeln.

Sie nutzten die Theorie des sozialen Lernens von Bandura, indem sie Champions aus verschiedenen Rollen rekrutierten, die ihren Kollegen die richtige Handhygiene demonstrierten. Im Rahmen des 8-Schritte-Veränderungsmodells von Kotter feierte die Führungskraft kurzfristige Erfolge, wie z. B. einen Rückgang der Infektionsraten, was das Team motivierte, sich an das neue Protokoll zu halten. Die Führungskraft sorgte für Nachhaltigkeit, indem sie die neuen Handhygienepraktiken in die Routinen und die Kultur der Abteilung integrierte. Infolgedessen konnte die Abteilung einen nachhaltigen Anstieg der Handhygiene-Compliance und einen deutlichen Rückgang der Infektionsraten verzeichnen.

Fallstudie 2: Einführung elektronischer Gesundheitsakten in einer Klinik für Allgemeinmedizin

Die Klinikleitung erkannte die Notwendigkeit, von Papierakten auf ein elektronisches Patientendatensystem umzustellen, um die Qualität und Effizienz der Patientenversorgung zu verbessern. Der Klinikleiter übernahm die Führung und bildete eine Koalition der ersten Anwender, die von dem neuen System begeistert waren.

Indem sie sich die Grundsätze der Theorie von Bandura zu eigen machten, erlernten die ersten Anwender das neue System und lebten es anderen vor. Durch offene und kontinuierliche Kommunikation ging der Manager auf Bedenken und Widerstände ein und bot zusätzliche Schulungen für diejenigen an, die sich weniger sicher fühlten. Sie nutzten das Modell von Kotter auch, um erste Erfolge zu feiern, wie z. B. die Verkürzung der Wartezeiten für die Patienten, die die Vorteile des neuen Systems deutlich machten. Schließlich wurde das EHR-System zu einem integralen Bestandteil des täglichen Betriebs der Klinik und verbesserte die Effizienz und die Patientenversorgung erheblich.

Fallstudie 3: Verringerung chirurgischer Komplikationen in einem Krankenhaus-Operationssaal

Nachdem die Leitung des Operationssaal-Mikrosystems eines Krankenhauses eine höhere Rate an postoperativen Komplikationen festgestellt hatte, initiierte sie ein Projekt zur Qualitätsverbesserung. Der Leiter des Operationssaals vermittelte die Dringlichkeit von Veränderungen und schuf eine klare Vision für verbesserte chirurgische Ergebnisse.

Das Team arbeitete gemeinsam an einem Protokoll, das den Schwerpunkt auf präoperative Checklisten legte, eine bewährte Methode zur Verringerung chirurgischer Fehler. Wichtige Mitglieder des Operationsteams lebten die korrekte Verwendung der Checklisten vor und ermutigten ihre Kollegen, es ihnen gleichzutun. Der Direktor feierte erste Erfolge, wie z. B. einen Monat ohne postoperative Komplikationen, was das Team motivierte, das neue Protokoll beizubehalten. Mit der Zeit wurde die Verwendung der präoperativen Checklisten zu einem festen Bestandteil der Routine des Operationsteams, was zu einer nachhaltigen Verbesserung der Patientensicherheit führte.

Diese Fallstudien zeigen, wie eine effektive Führung unter Anwendung von Theorien wie der Theorie des sozialen Lernens von Bandura und dem 8-Schritte-Veränderungsmodell von Kotter erfolgreiche Veränderungen in klinischen Mikrosystemen vorantreiben kann. Das Verständnis für die Feinheiten des Veränderungsmanagements auf dieser Ebene kann zu erheblichen Verbesserungen bei der Patientenversorgung und -sicherheit führen.

Selbst die engagiertesten und sachkundigsten Führungskräfte im Gesundheitswesen können bei der Bewältigung von Veränderungen in klinischen Mikrosystemen auf Herausforderungen und Rückschläge stoßen. Aus diesen Erfahrungen zu lernen, ist ein wertvoller Teil des Veränderungsprozesses. Im Folgenden erörtern wir einige Lehren, die wir aus gescheiterten Führungsversuchen in diesem Zusammenhang gezogen haben.

Fallstudie 4: Unzureichende Kommunikation in einer Notaufnahme eines Krankenhauses

In der Notaufnahme eines städtischen Krankenhauses wurde ein neues Triage-Protokoll eingeführt, um die Wartezeiten der Patienten zu verkürzen. Trotz der guten Absicht wurde die Änderung nicht effektiv an alle Mitarbeiter kommuniziert, was zu Verwirrung und uneinheitlicher Befolgung des neuen Protokolls führte. Dieser Mangel an klarer Kommunikation untergrub die Änderungsinitiative, und die Wartezeiten verbesserten sich nicht.

Lektion gelernt: Eine klare und konsistente Kommunikation ist während des Veränderungsprozesses von entscheidender Bedeutung. Die Führungskräfte müssen sicherstellen, dass jedes Teammitglied die Gründe für die Veränderung, die neuen Prozesse und ihre jeweilige Rolle bei der Umsetzung der Veränderung versteht.

Fallstudie 5: Mangelndes Engagement von Interessengruppen in einer Klinik für Primärversorgung

Eine Klinik für Allgemeinmedizin führte ein neues Terminvergabesystem ein, um den Zugang zu den Patienten zu verbessern. Die Änderung wurde jedoch mit minimaler Beteiligung des Klinikpersonals eingeleitet. Infolgedessen fühlten sich die Mitarbeiter übergangen und wehrten sich gegen das neue System, das sie als komplizierter und zeitaufwändiger empfanden.

Gelernte Lektion: Die Einbindung aller Beteiligten in den Entscheidungsprozess ist von entscheidender Bedeutung. Wenn die Menschen das Gefühl haben, einbezogen und gehört zu werden, sind sie eher bereit, die Veränderung zu akzeptieren und zu unterstützen.

Fallstudie 6: Vernachlässigung des Widerstands in einer Rehabilitationseinrichtung

Die Leitung einer Rehabilitationsabteilung führte ein neues Dokumentationssystem ein, das die Koordination der Patientenversorgung verbessern sollte. Einige Mitarbeiter empfanden das neue System jedoch als umständlich und hielten an den alten Verfahren fest. Die Leitung versäumte es, diesen Widerstand wirksam anzugehen, was zu uneinheitlichen Dokumentationspraktiken und keiner wesentlichen Verbesserung der Pflegekoordination führte.

Lektion gelernt: Widerstand gegen Veränderungen ist natürlich und sollte vorausgesehen und proaktiv angegangen werden. Es ist wichtig, die Gründe für den Widerstand zu verstehen, Beruhigungsmittel anzubieten, die notwendigen Schulungen durchzuführen und denjenigen, die mit der Veränderung zu kämpfen haben, Empathie entgegenzubringen.

Misslungene Führungsversuche bieten die Gelegenheit zu wachsen und zu lernen. Führungskräfte müssen für eine klare Kommunikation sorgen, alle Beteiligten einbeziehen und Widerständen wirksam begegnen. Jede dieser Lektionen erinnert uns daran, wie komplex der Wandel in klinischen Mikrosystemen ist und wie wichtig es ist, unsere Strategien zur Bewältigung des Wandels ständig zu verfeinern, um die Patientenversorgung und -sicherheit zu verbessern.

Fallstudie 7: Analyse der effektiven Führung in einer kardiologischen Abteilung

Die kardiologische Abteilung eines mittelgroßen regionalen Krankenhauses hatte mit erheblichen Problemen zu kämpfen, darunter hohe Rückübernahmequoten bei Patienten, Burnout beim Personal und ineffiziente Prozesse. Der kürzlich ernannte Leiter der Abteilung, Dr. Ramirez, beschloss, diese Probleme frontal anzugehen.
Visionärer Ansatz

Dr. Ramirez war sich der potenziellen künftigen Vorteile einer Umgestaltung des derzeitigen Systems sowohl für die Patienten als auch für das Krankenhaus durchaus bewusst. Sie stellte sich eine Abteilung mit niedrigeren Rückübernahmequoten, höherer Mitarbeiterzufriedenheit und schlankeren Prozessen vor, die mehr Zeit für die Patientenversorgung ließen. Sie vermittelte diese Vision effektiv an das Team, was dazu beitrug, es zu inspirieren, sich ihr bei diesen Verbesserungsbemühungen anzuschließen.

Wirksame Kommunikation

Während des gesamten Prozesses legte Dr. Ramirez Wert auf eine offene und klare Kommunikation. Sie stellte sicher, dass alle Teammitglieder verstanden, warum die Veränderungen notwendig waren, wie sie umgesetzt werden sollten und welche Rolle jeder Einzelne bei der Umgestaltung spielen würde. Ihr Kommunikationsstil förderte den Dialog und das Feedback, wodurch ein Klima der Transparenz und des Vertrauens geschaffen wurde.

Inklusivität

In ihrer Strategie bezog Dr. Ramirez alle Teammitglieder in die Entscheidungsprozesse ein und gab ihnen das Gefühl, wertgeschätzt und Teil der Veränderung zu sein. Dieser Ansatz stärkte das Gefühl der Eigenverantwortung und des Engagements und förderte die aktive Beteiligung an der Umsetzung der neuen Strategien.

Widerstandsfähigkeit und Anpassungsfähigkeit

Trotz einiger anfänglicher Rückschläge, darunter der Widerstand einiger Teammitglieder und unvorhergesehene technische Probleme, bewies Dr. Ramirez Durchhaltevermögen. Sie passte ihre Strategien nach Bedarf an, ohne ihre Vision aus den Augen zu verlieren, und bewies damit Anpassungsfähigkeit.

Einfühlungsvermögen

Dr. Ramirez zeigte ein tiefes Verständnis für die möglichen Auswirkungen der Veränderungen auf ihr Team. Sie ging einfühlsam auf die Bedenken und Befürchtungen der Mitarbeiter ein und bot ihnen während des gesamten Prozesses Zusicherungen und Unterstützung an. Dies trug zum Aufbau engerer Beziehungen innerhalb des Teams bei und erleichterte den Übergang.

Rollenmodellierung

Dr. Ramirez vermittelte nicht nur ihre Erwartungen, sondern ging auch mit gutem Beispiel voran. Sie war die erste, die sich den neuen Protokollen und Systemen anpasste und die gewünschten Verhaltensweisen, Einstellungen und das Engagement vorlebte. Ihre Führung inspirierte das Team dazu, die Veränderungen mit ganzem Herzen anzunehmen.

Engagement für kontinuierliches Lernen

Dr. Ramirez zeigte ein starkes Engagement für das Lernen. Sie war offen für Feedback, übernahm die Verantwortung für Rückschläge und suchte ständig nach neuen Kenntnissen und Fähigkeiten, um ihre Führungsqualitäten und die Abläufe in der Abteilung zu verbessern.

Innerhalb eines Jahres hat Dr. Ramirez' effektive Führung die kardiologische Abteilung verändert. Die Rückübernahmequoten gingen deutlich zurück, die Mitarbeiterzufriedenheit verbesserte sich und die Abläufe in der Abteilung wurden effizienter. Diese Fallstudie verdeutlicht die Auswirkungen einer effektiven Führung, die sich durch Vision, Kommunikation, Inklusivität, Belastbarkeit, Empathie, Vorbildfunktion und lebenslanges Lernen auszeichnet, auf den erfolgreichen Wandel in einem klinischen Mikrosystem.

Übung: Entwickeln Sie Ihre eigene klinische Mikrosystem-Führungsfallstudie

Zielsetzung: Diese Übung soll Ihnen die Möglichkeit geben, Ihre eigenen Erfahrungen mit der Führung in Ihrem klinischen Mikrosystem zu analysieren und zu dokumentieren. Auf diese Weise können Sie über Ihre Erfolge und Herausforderungen nachdenken und wichtige Erkenntnisse zur Verbesserung Ihrer Führungspraxis gewinnen.

Anweisungen:

Identifizieren Sie ein kürzlich aufgetretenes Führungsszenario: Denken Sie an eine aktuelle Situation in Ihrem klinischen Mikrosystem, in der Sie eine Führungsrolle übernommen haben, um eine Veränderung oder Verbesserung voranzutreiben. Dabei kann es sich um die Einführung einer neuen Technologie, die Änderung eines Protokolls oder die Lösung eines Problems bei der Patientenversorgung handeln.

Beschreiben Sie die Situation: Beschreiben Sie detailliert die Situation, einschließlich des Problems, warum es gelöst werden musste und wer daran beteiligt war.

Definieren Sie Ihren Führungsansatz: Beschreiben Sie, wie Sie die Situation als Führungskraft angegangen sind. Was war Ihre Vision? Wie haben Sie diese Vision an Ihr Team vermittelt? Wie stark waren Sie in die Entscheidungsfindung eingebunden? Wie sind Sie mit Widerstand und Rückschlägen umgegangen?
Rollenmodellierung: Überlegen Sie, wie Sie Ihrem Team das gewünschte Verhalten oder die gewünschte Veränderung vorgelebt haben. Sind Sie mit gutem Beispiel vorangegangen?

Ergebnis: Erörtern Sie das Ergebnis der Situation. Welche Änderungen wurden vorgenommen? Wie erfolgreich waren diese Änderungen? Verwenden Sie nach Möglichkeit konkrete Daten, z. B. Veränderungen bei den Patientenergebnissen, der Mitarbeiterzufriedenheit oder der Prozesseffizienz.

Überlegungen und Lehren: Denken Sie über Ihre Führung in dieser Situation nach. Was hat gut funktioniert? Was hätte man anders machen können? Was haben Sie aus dieser Erfahrung über Führung in einem klinischen Mikrosystem gelernt?

Künftige Anwendungen: Überlegen Sie abschließend, wie Sie Ihre Erkenntnisse aus dieser Fallstudie auf zukünftige

Führungssituationen anwenden können. Schreiben Sie spezifische Strategien oder Verhaltensweisen auf, die Sie in Ihrer zukünftigen Führungspraxis fortsetzen oder ändern möchten.

Durch diese Übung gewinnen Sie ein tieferes Verständnis für Ihren Führungsstil, Ihre Fähigkeiten und Ihren Einfluss. Außerdem erhalten Sie wertvolle Erkenntnisse darüber, wie Sie sich als Führungskraft in Ihrem klinischen Mikrosystem weiterentwickeln können, um Verbesserungen in der Patientenversorgung und -sicherheit zu erzielen.

Kapitel 9: Zukünftige Richtungen für die Führung klinischer Mikrosysteme

Aufkommende Trends und Technologien verändern die Landschaft des Gesundheitswesens dramatisch. Für Führungskräfte in klinischen Mikrosystemen sind das Verständnis und die Nutzung dieser Innovationen entscheidend für den künftigen Erfolg ihrer Einheiten. Ein wichtiger Trend ist der Aufstieg der digitalen Gesundheit und der Telemedizin. Dadurch können Patienten aus der Ferne behandelt werden, was den Komfort für die Patienten erhöht und die Gesundheitsergebnisse verbessern kann. Für die Leiter klinischer Mikrosysteme bedeutet dies, dass sie ihre Teams an neue Formen der Leistungserbringung anpassen und Strategien entwickeln müssen, um die Qualität der Versorgung in einer virtuellen Umgebung aufrechtzuerhalten. Künstliche Intelligenz (KI) und maschinelles Lernen (ML) spielen auch im Gesundheitswesen eine immer wichtigere Rolle. Diese Technologien können Arbeitsabläufe rationalisieren, Patientenergebnisse vorhersagen und die Pflege personalisieren. Die Verantwortlichen für klinische Mikrosysteme müssen sicherstellen, dass ihre Teams auf die Integration dieser Technologien in ihre Praxis vorbereitet sind, was unter Umständen die Bereitstellung von Aus- und Weiterbildungsmaßnahmen und die Auseinandersetzung mit potenziellen ethischen und datenschutzrechtlichen Bedenken erfordert.

Ein weiterer aufkommender Trend ist die Konzentration auf die patientenzentrierte Versorgung. Dabei geht es um die Gestaltung von Gesundheitssystemen, die sich an den Bedürfnissen und Präferenzen der Patienten orientieren und nicht an der Bequemlichkeit der Leistungserbringer. Für Führungskräfte kann dies bedeuten, Arbeitsabläufe neu zu gestalten, die Kommunikation mit den Patienten zu verbessern und eine Kultur zu fördern, die den Input und das Feedback der Patienten schätzt. Die anhaltenden Auswirkungen der COVID-19-Pandemie beeinflussen weiterhin die Gesundheitsversorgung. Die Pandemie hat eine rasche und signifikante Verlagerung zur Fernversorgung erforderlich gemacht und die Bedeutung der Notfallbereitschaft und -resilienz unterstrichen. Führungskräfte im Bereich der klinischen Mikrosysteme müssen ihre Teams bei der Bewältigung dieser Veränderungen und Herausforderungen leiten, was die Förderung der Flexibilität, die Unterstützung des Wohlbefindens der Mitarbeiter und die kontinuierliche Überwachung und Reaktion auf sich verändernde Umstände beinhalten kann.

Diese aufkommenden Trends und Technologien stellen für Führungskräfte in der klinischen Mikrosystemtechnik sowohl Herausforderungen als auch Chancen dar. Indem sie informiert und anpassungsfähig bleiben, können diese Führungskräfte ihre Teams durch diese Veränderungen führen und diese Innovationen zur Verbesserung der Patientenversorgung und -sicherheit nutzen.

Die Führung spielt eine entscheidende Rolle bei der Förderung von Innovationen in klinischen Mikrosystemen. Führungskräfte sind in einer einzigartigen Position, um die Einführung neuer Technologien und Praktiken voranzutreiben, ein Umfeld zu schaffen, das Kreativität und Experimentierfreude fördert, und ihre Teams durch den Veränderungsprozess zu führen, den Innovation oft mit sich bringt. Innovation beginnt mit einer Vision. Effektive Führungskräfte haben eine klare Vorstellung davon, wie sie ihr klinisches Mikrosystem weiterentwickeln wollen und wie Innovation zu dieser Entwicklung beitragen kann. Sie können ihre Teams mit dieser Vision inspirieren und ihnen ein Gefühl für Ziel und Richtung vermitteln. Führungskräfte schaffen auch die Voraussetzungen für Innovation und sind für viele Aspekte der Leistung verantwortlich, darunter:

- eine Kultur fördern, die Kreativität, Experimentierfreudigkeit und Risikobereitschaft ermutigt und belohnt.

- ihren Teams die Zeit, die Ressourcen und die Ausbildung zur Verfügung stellen, die sie benötigen, um neue Ideen und Ansätze zu erforschen.

- ein sicheres und unterstützendes Umfeld zu schaffen, in dem sich die Teammitglieder wohl fühlen, wenn sie ihre Ideen mitteilen, und in dem Misserfolge als Chance zum Lernen und zur Verbesserung und nicht als Rückschlag angesehen werden.

- spielen eine Schlüsselrolle bei der Einführung von Innovationen.

- ihren Teams zu helfen, den Wert neuer Technologien oder Praktiken zu verstehen und zu erkennen, wie diese Veränderungen der Patientenversorgung und -sicherheit zugute kommen können.

- ihre Teams durch den Veränderungsprozess zu führen, auf Widerstände und Bedenken einzugehen und die notwendige Unterstützung und Schulung zu bieten.

- sicherstellen, dass die Innovationen mit den allgemeinen Zielen und Werten ihrer klinischen Mikrosysteme übereinstimmen.

- die Auswirkungen von Innovationen auf die Patientenversorgung und -sicherheit, das Wohlergehen des Personals und den Ressourcenverbrauch zu berücksichtigen.

- sicherstellen, dass Innovationen nachhaltig sind und sich nahtlos in bestehende Arbeitsabläufe und Praktiken integrieren lassen.

Zusammenfassend lässt sich sagen, dass die Führung eine zentrale Rolle bei der Förderung von Innovationen in klinischen Mikrosystemen spielt. Durch eine klare Vision, die Schaffung einer innovationsfreundlichen Kultur, die Erleichterung der Übernahme von Innovationen und die Sicherstellung ihrer Übereinstimmung mit übergeordneten Zielen und Werten können Führungskräfte ihre klinischen Mikrosysteme in eine Zukunft führen, die sich kontinuierlich verbessert und an die Bedürfnisse von Patienten und Personal anpasst.

Die Landschaft des Gesundheitswesens entwickelt sich rasch weiter, und damit auch die Anforderungen an die Fachkräfte im Gesundheitswesen. Mit der zunehmenden Komplexität des Gesundheitswesens steigt auch der Bedarf an effektiver Führung. Daher muss die künftige Ausbildung von Führungskräften im Gesundheitswesen auf diese Veränderungen eingehen und die Angehörigen der Gesundheitsberufe darauf vorbereiten, sich diesen neuen Herausforderungen zu stellen.

Künftig wird die Ausbildung von Führungskräften für Fachkräfte im Gesundheitswesen wahrscheinlich stärker in den allgemeinen Lehrplan integriert und nicht mehr als optionale oder zusätzliche Fähigkeit betrachtet werden. Dadurch wird sichergestellt, dass alle Fachkräfte im Gesundheitswesen, unabhängig von ihrer spezifischen Rolle, über grundlegende Führungsfähigkeiten verfügen. Dieser Wandel ist entscheidend für die Förderung einer Kultur der gemeinsamen Führung, in der jeder im Team die Verantwortung für die Verbesserung der Patientenversorgung und der Ergebnisse übernimmt.

Auch der Inhalt der Führungsausbildung wird sich anpassen müssen. Traditionelle Führungskompetenzen wie Kommunikation, Entscheidungsfindung und Konfliktlösung werden auch weiterhin wichtig sein. Es werden sich jedoch wahrscheinlich neue Schwerpunktbereiche ergeben. So werden beispielsweise das Verständnis und die Nutzung von Technologien im Gesundheitswesen, die Führung in einem digitalen und dezentralen Arbeitsumfeld, die Förderung von Innovationen und die Förderung der Widerstandsfähigkeit angesichts von Veränderungen und Unsicherheiten immer wichtiger werden.

Die Methoden zur Vermittlung von Führungskompetenzen werden sich wahrscheinlich weiterentwickeln. Erfahrungslernen, bei dem Fachkräfte des Gesundheitswesens Führungsqualitäten durch praktische Erfahrung und Reflexion erlernen, wird sich wahrscheinlich immer mehr durchsetzen. Virtuelle und erweiterte Realität, Simulationen und andere fortschrittliche Technologien können Fachkräften im Gesundheitswesen sichere und realistische Umgebungen bieten, in denen sie ihre Führungsfähigkeiten üben und entwickeln können. Darüber hinaus können Mentoring und Coaching, entweder persönlich oder über digitale Plattformen, persönliche Anleitung und Feedback bieten und so die Entwicklung eines effektiven und anpassungsfähigen Führungsstils erleichtern.

Die Bewertung von Führungskompetenzen wird wahrscheinlich nuancierter und differenzierter werden. Dazu könnte der Einsatz von Multi-Source-Feedback gehören, bei dem Fachkräfte des Gesundheitswesens Rückmeldungen zu ihren Führungskompetenzen von einer Vielzahl von Quellen erhalten, einschließlich ihrer Kollegen, Untergebenen und Patienten. Dieser Ansatz kann ein umfassenderes und genaueres Bild der Führungsstärken und verbesserungswürdigen Bereiche einer medizinischen Fachkraft vermitteln. Die Zukunft der Führungsausbildung für Fachkräfte im Gesundheitswesen wird eine integrierte, adaptive, erfahrungsbasierte, personalisierte und umfassende Ausbildung sein. Indem wir Fachkräfte des Gesundheitswesens darauf vorbereiten, effektive Führungskräfte zu sein, können wir Verbesserungen bei der Qualität, der Sicherheit und den Ergebnissen für die Patienten erzielen.

Übung: Imagination und Strategie für die Zukunft der dyadischen Führung in klinischen Mikrosystemen

Zielsetzung: Diese Übung soll Sie dazu anregen, strategisch über die Zukunft der dyadischen Führung in klinischen Mikrosystemen nachzudenken und einen Aktionsplan zu entwickeln, um die zu erwartenden Veränderungen und Herausforderungen anzugehen.

Anweisungen:

Dyadisches Führungsverständnis: Fangen Sie damit an, Ihr Verständnis von dyadischer Führung aufzufrischen. Dies bezieht sich auf die Führungsdynamik zwischen zwei Personen, oft einem Vorgesetzten und einem Untergebenen, und ist der Schlüssel zu einem effektiven klinischen Mikrosystemmanagement.

Auswirkungen zukünftiger Trends: Denken Sie über die aufkommenden Trends und Technologien nach, die wir besprochen haben, wie z. B. Telemedizin, KI, maschinelles Lernen und patientenzentrierte Pflege. Wie könnten sich diese Entwicklungen auf die dyadische Führung in Ihrem klinischen Mikrosystem auswirken? Bedenken Sie sowohl die potenziellen Herausforderungen als auch die Chancen.

Erforderliche Fähigkeiten ermitteln: Ermitteln Sie auf der Grundlage Ihrer Überlegungen die Führungsfähigkeiten, die Sie und Ihr Gegenüber (entweder Ihr Vorgesetzter oder Ihr Untergebener) benötigen, um diese Veränderungen effektiv zu bewältigen. Dabei kann es sich um Fähigkeiten handeln, die Sie bereits besitzen und ausbauen müssen, oder um völlig neue Fähigkeiten, die Sie erwerben müssen.

Entwickeln Sie einen Aktionsplan: Erstellen Sie einen Aktionsplan, um diese Fähigkeiten zu erwerben oder zu stärken.

Dies könnte bedeuten, dass Sie sich um berufliche Weiterbildungsmöglichkeiten bemühen, wie z. B. Workshops oder Kurse, einen Mentor oder Coach suchen oder nach Möglichkeiten suchen, diese Fähigkeiten bei Ihrer Arbeit anzuwenden. Achten Sie darauf, dass Sie konkrete Schritte, die benötigten Ressourcen und einen Zeitplan für die Erreichung dieser Ziele angeben.

Reflexion und Anpassung: Legen Sie schließlich fest, wie Sie Ihre Fortschritte überwachen und Ihren Plan bei Bedarf anpassen werden. Denken Sie daran, dass die Entwicklung von Führungskräften ein fortlaufender Prozess ist, und es ist wichtig, dass Sie Ihr Wachstum ständig reflektieren und Ihre Strategien bei Bedarf anpassen.

Diese Übung ermöglicht es Ihnen, die zukünftigen Herausforderungen der dyadischen Führung in klinischen Mikrosystemen proaktiv anzugehen. Indem Sie die zukünftige Landschaft verstehen und sich darauf vorbereiten, können Sie weiterhin eine effektive Führungskraft sein und den Erfolg Ihres klinischen Mikrosystems sicherstellen.

Kapitel 10: Schlussfolgerung

Zum Abschluss unserer Erkundung der Führung klinischer Mikrosysteme wollen wir einige der in den Kapiteln besprochenen Schlüsselpunkte noch einmal Revue passieren lassen. Klinische Mikrosysteme sind als kleinste Funktionseinheiten des Gesundheitswesens entscheidend für die Patientenversorgung. Sie stehen an vorderster Front, wenn es um die Patientenversorgung geht, und sind daher für die Verbesserung des Gesundheitssystems von entscheidender Bedeutung. Die Verbesserung der Funktion klinischer Mikrosysteme kann zu besseren Patientenergebnissen, höherer Mitarbeiterzufriedenheit und effizienterer Ressourcennutzung führen. Effektive Führung ist in klinischen Mikrosystemen entscheidend. Führungskräfte leiten ihre Teams an, ihre Ziele zu erreichen, Ressourcen zu verwalten, Herausforderungen zu bewältigen und Verbesserungen voranzutreiben. Außerdem fördern sie eine Kultur, die Teamarbeit, Innovation, patientenzentrierte Pflege und kontinuierliches Lernen begünstigt.

Verschiedene Führungsstile und -theorien, wie transformationale Führung und situative Führung, können unter verschiedenen Umständen wirksam sein. Theorien wie die von Bandura und Kotter bieten auch wertvolle Einblicke in die Veränderungsprozesse und in die Frage, wie Führungskräfte ihre Teams effektiv durch diese Prozesse führen können. Technologie kann die Patientenversorgung und Sicherheit in klinischen Mikrosystemen verbessern. Aufstrebende Technologien, wie digitale Gesundheit und KI, bieten sowohl Chancen als auch Herausforderungen, die Führungskräfte meistern müssen. Der Wandel ist ein integraler Bestandteil des Gesundheitswesens, und Führungskräfte spielen eine entscheidende Rolle bei der Bewältigung dieses Wandels. Das Wesen des Wandels zu verstehen, wirksame Strategien zu entwickeln und mit Widerständen umzugehen, sind Schlüsselaspekte eines erfolgreichen Veränderungsmanagements.

Gelebte Führung, wie die Fallstudie von Dr. Ramirez, kann wertvolle Einsichten und Lektionen vermitteln. Sie verdeutlichen die Auswirkungen einer effektiven Führung und bieten praktische Beispiele, von denen andere Führungskräfte lernen können. Die Zukunft der Führung in der klinischen Mikrosystemtechnik wird von neuen Trends und Technologien sowie den sich wandelnden Bedürfnissen von Patienten und Mitarbeitern geprägt sein. Führungskräfte müssen anpassungsfähig, innovativ und zukunftsorientiert sein, um diese Veränderungen erfolgreich zu meistern. Darüber hinaus muss sich die Ausbildung von Führungskräften weiterentwickeln, um Fachkräfte im Gesundheitswesen mit den Fähigkeiten auszustatten, die sie für die zukünftigen Herausforderungen benötigen.

Führung in klinischen Mikrosystemen ist eine dynamische und vielseitige Aufgabe. Sie erfordert eine Mischung aus technischem Wissen, zwischenmenschlichen Fähigkeiten, strategischem Denken und Anpassungsfähigkeit. Mit den richtigen Fähigkeiten, Kenntnissen und Einstellungen können Führungskräfte ihre klinischen Mikrosysteme zu einer hervorragenden Patientenversorgung und -sicherheit führen und kontinuierliche Verbesserungen im Gesundheitswesen vorantreiben.

Zum Abschluss dieses Buches möchten wir uns einen Moment Zeit nehmen, um alle zukünftigen Führungskräfte im Bereich der klinischen Mikrosysteme zu würdigen und zu ermutigen. Es ist eine aufregende Zeit für das Gesundheitswesen, in der technologische Fortschritte, sich ändernde Patientenbedürfnisse und gesellschaftliche Veränderungen ständig neue Möglichkeiten und Herausforderungen schaffen. Die Zukunft des Gesundheitswesens wird von Führungskräften geprägt, die bereit sind, diese Veränderungen anzunehmen und ihre Teams durch sie zu führen. Als zukünftige Führungskräfte haben Sie die Möglichkeit, die Patientenversorgung zu verändern, die Ergebnisse zu verbessern und ein effizienteres und integratives Gesundheitssystem zu schaffen.

Ihr Weg mag nicht immer einfach sein. In der komplexen und sich ständig verändernden Welt des Gesundheitswesens zu führen, kann eine Herausforderung sein. Möglicherweise stoßen Sie auf Widerstand gegen Veränderungen, Ressourcenbeschränkungen, ethische Dilemmas und viele andere Hürden. Aber denken Sie daran, dass jede Herausforderung auch eine Chance für Wachstum und Lernen ist.

Wir möchten Sie ermutigen, diese Herausforderungen als Gelegenheit zu sehen, Ihre Führungsqualitäten zu verbessern, mehr über sich selbst und Ihr Team zu lernen und einen positiven Einfluss auf die Patientenversorgung zu nehmen. Denken Sie daran, dass eine effektive Führung nicht nur aus den richtigen Fähigkeiten und Kenntnissen besteht, sondern auch aus der richtigen Einstellung. Seien Sie aufgeschlossen, geduldig, belastbar, mitfühlend und immer bereit zu lernen.

Suchen Sie nach Mentoren und Lernmöglichkeiten, reflektieren Sie kontinuierlich Ihre Führungspraxis und streben Sie stets nach Verbesserungen. Setzen Sie auf Vielfalt und Inklusion, nicht nur als moralisches Gebot, sondern als Strategie zur Verbesserung der Patientenversorgung und der Behandlungsergebnisse. Fördern Sie in Ihrem klinischen Mikrosystem eine Kultur der Teamarbeit, der Innovation und der patientenzentrierten Pflege.

Die Zukunft der klinischen Mikrosysteme liegt in Ihren Händen. Wir sind davon überzeugt, dass Sie das Potenzial haben, herausragende Führungspersönlichkeiten zu werden und das Gesundheitswesen maßgeblich zu beeinflussen. Wir wünschen Ihnen alles Gute auf Ihrem Weg als Führungskraft und freuen uns auf die positiven Veränderungen, die Sie im Gesundheitswesen bewirken werden.

Wir hoffen, dass Sie am Ende dieser Erkundung der klinischen Mikrosystemführung ein tieferes Verständnis entwickelt haben und nun besser gerüstet sind, um die Komplexität dieses wichtigen

Aspekts der Gesundheitsversorgung zu bewältigen. Doch die Reise ist hier noch nicht zu Ende. Dieses Buch ist ein Sprungbrett, ein Leitfaden für einen Weg, der sich ständig weiterentwickelt und kontinuierliches Lernen und Entwicklung erfordert. Wir müssen uns darüber im Klaren sein, dass die Natur des Gesundheitswesens unter dem Einfluss des ständigen technischen Fortschritts und der sich wandelnden gesellschaftlichen Bedürfnisse ein dynamisches und anspruchsvolles Umfeld für Führungskräfte schafft. Die Fähigkeiten, das Wissen und die Erkenntnisse, die heute relevant sind, müssen vielleicht schon morgen verfeinert oder ersetzt werden. Daher möchten wir dieses Buch mit einem Aufruf zum Handeln beenden - einem Aufruf zum ständigen Lernen, Wachsen und Entwickeln von Führungsqualitäten.

Seien Sie proaktiv und suchen Sie nach Möglichkeiten, Ihr Verständnis von Führung zu erweitern und Ihre Fähigkeiten zu verbessern. Bilden Sie sich weiter, nehmen Sie an Workshops und Konferenzen teil, knüpfen Sie berufliche Kontakte, lesen Sie die neuesten Forschungsergebnisse und nutzen Sie die Möglichkeiten der Mentorenschaft. Reagieren Sie nicht nur auf Veränderungen in der Gesundheitslandschaft, sondern antizipieren Sie sie. Informieren Sie sich über neue Trends und Technologien und berücksichtigen Sie deren Auswirkungen auf Ihr klinisches Mikrosystem und Ihre Führungspraxis.
Denken Sie auch daran, dass es beim Lernen nicht nur um die Aneignung neuer Kenntnisse und Fähigkeiten geht, sondern auch um Selbstreflexion. Reflektieren Sie kontinuierlich über Ihre Führungspraktiken, Ihre Erfahrungen und das Feedback Ihres Umfelds. Nutzen Sie diese Erkenntnisse, um Ihre Stärken und verbesserungswürdigen Bereiche zu ermitteln und Ihre kontinuierliche Entwicklung zu steuern.

Ergreifen Sie die Initiative, um Ihr Wissen und Ihre Erkenntnisse mit anderen zu teilen. Bei der Führung im Gesundheitswesen geht es nicht nur um einzelne Führungskräfte, sondern auch um die Schaffung einer Führungskultur innerhalb Ihres klinischen

Mikrosystems. Indem Sie diese Kultur fördern, befähigen Sie andere dazu, Führungsaufgaben zu übernehmen, und erhöhen so die Widerstandsfähigkeit und Anpassungsfähigkeit Ihres Teams. Unser Aufruf zum Handeln an Sie lautet wie folgt: Betrachten Sie den Weg der Führung als einen Weg des ständigen Lernens und Wachstums. Suchen Sie nach neuem Wissen, reflektieren Sie Ihre Erfahrungen, teilen Sie Ihre Erkenntnisse mit anderen und streben Sie stets nach Verbesserung. Die Zukunft der Führung in der klinischen Mikrosystemtechnik ist vielversprechend, und wenn Sie sich ständig weiterbilden und weiterentwickeln, sind Sie gut gerüstet, um die vor Ihnen liegenden Herausforderungen und Chancen zu meistern. Lassen Sie uns die Reise gemeinsam fortsetzen, auf dem Weg in eine Zukunft, in der eine effektive Führung zu Spitzenleistungen in der Patientenversorgung und -sicherheit führt.

Referenzen

Introduction

Batalden, P.B., Nelson, E.C., Edwards, W.H., Godfrey, M.M., Mohr, J.J. (2003). "Microsystems in health care: Part 9. Developing small clinical units to attain peak performance." Joint Commission Journal on Quality and Safety.

Berwick, D.M. (2008). "The science of improvement." JAMA.

Bohmer, R.M., Edmondson, A.C. (2001). "Organizational learning and continuous improvement." Future Directions for Health Care.

Donaldson, M.S., Mohr, J.J. (2000). "Exploring Innovation and Quality Improvement in Health Care Microsystems." Institute of Medicine (US) Committee on the Quality of Health Care in America.

Godfrey, M.M., Nelson, E.C., Wasson, J.H., Mohr, J.J., Batalden, P.B. (2003). "Microsystems in health care: Part 3. Planning patient-centered services." Joint Commission Journal on Quality and Safety.

Godfrey, M.M., Nelson, E.C., Wasson, J.H., Mohr, J.J., Batalden, P.B. (2004). "Clinical microsystems, part 1. The building blocks of health systems." Joint Commission Journal on Quality and Patient Safety.

Kaplan, H.C., Provost, L.P., Froehle, C.M., Margolis, P.A. (2012). "The Model for Understanding Success in Quality (MUSIQ): building a theory of context in healthcare quality improvement." BMJ Quality & Safety.

McLaughlin, N., Rodstein, J., Burke, M.A., Martin, N.A. (2011). "Demystifying process mapping: a key step in neurosurgical quality improvement initiatives." Neurosurgery.

Nelson, E.C., Batalden, P.B., Godfrey, M.M. (2007). "Value by design: developing clinical microsystems to achieve organizational excellence." Health Administration Press.

Nelson, E.C., Godfrey, M.M., Batalden, P.B., Berry, S.A., Bothe Jr, A.E., McKinley, K.E., Melin, C.N., Muething, S.E., Moore,

L.G., Wasson, J.H., Nolan, T.W. (2008). "Clinical microsystems, part 1. The building blocks of health systems." Joint Commission Journal on Quality and Patient Safety.

Nolan, T., Resar, R., Haraden, C., Griffin, F.A. (2004). "Improving the reliability of health care." IHI Innovation Series white paper.

Plsek, P.E., Greenhalgh, T. (2001). "The challenge of complexity in health care." BMJ.

Sabadosa, K.A., Batalden, P.B. (2007). "The interdependent roles of patients, families and professionals in cystic fibrosis: a system for the coproduction of healthcare and its improvement." BMJ Quality & Safety.

Stange, K.C. (2009). "The problem of fragmentation and the need for integrative solutions." The Annals of Family Medicine.

Wasson, J.H., Godfrey, M.M., Nelson, E.C., Mohr, J.J., Batalden, P.B. (2003). "Microsystems in health care: Part 4. Planning patient-centered care." Joint Commission Journal on Quality and Safety.

Zismer, D.K., Werner, M.J. (2012). "The integration of quality and safety data into executive dashboards: an analytical approach." Journal of Healthcare Management.

Chapter 1

Anderson, R. A., Crabtree, B. F., Steele, D. J., & McDaniel, R. R. (2005). "Case study research: the view from complexity science." Qualitative Health Research.

Batalden, P. B., & Davidoff, F. (2007). "What is "quality improvement" and how can it transform healthcare?" Quality and safety in health care.

Berwick, D. M., Nolan, T. W., & Whittington, J. (2008). "The triple aim: care, health, and cost." Health affairs.

Bohmer, R. M. (2009). "Designing Care: Aligning the Nature and Management of Health Care." Harvard Business Press.

Bohmer, R. M., & Ferlins, E. M. (2005). "Virginia Mason Medical Center." Harvard Business School Case.

Crabtree, B. F., Nutting, P. A., Miller, W. L., McDaniel, R. R., Stange, K. C., Jaen, C. R., & Stewart, E. (2011). "Primary care practice transformation is hard work: insights from a 15-year developmental program of research." Medical care.

Donabedian, A. (1988). "The quality of care: How can it be assessed?" JAMA.

Ferlie, E. B., & Shortell, S. M. (2001). "Improving the quality of health care in the United Kingdom and the United States: a framework for change." The Milbank Quarterly.

Gerteis, M., Edgman-Levitan, S., Daley, J., Delbanco, T. L. (1993). "Through the patient's eyes: Understanding and promoting patient-centered care." Jossey-Bass.

Godfrey, M. M., Melin, C. N., Muething, S. E., Batalden, P. B., & Nelson, E. C. (2008). "Clinical microsystems, Part 3. Transformation of two hospitals using microsystem, mesosystem, and macrosystem strategies." The Joint Commission Journal on Quality and Patient Safety.

Institute of Medicine (US) Committee on Quality of Health Care in America. (2001). "Crossing the Quality Chasm: A New Health System for the 21st Century." National Academies Press.

Institute of Medicine. (2003). "Patient Safety: Achieving a New Standard for Care." The National Academies Press.

Nelson, E. C., Batalden, P. B., Huber, T. P., Mohr, J. J., Godfrey, M. M., Headrick, L. A., & Wasson, J. H. (2002). "Microsystems in health care: Part 1. Learning from high-performing front-line clinical units." The Joint Commission Journal on Quality Improvement.

Nutting, P. A., Miller, W. L., Crabtree, B. F., Jaen, C. R., Stewart, E. E., & Stange, K. C. (2009). "Initial lessons from the first national demonstration project on practice transformation to a patient-centered medical home." The Annals of Family Medicine.

Øvretveit, J. (2000). "Total quality management in European healthcare." International Journal of Health Care Quality Assurance.

Plsek, P. E., & Greenhalgh, T. (2001). "The challenge of complexity in health care." BMJ.

Quinn, J. B. (1992). "Intelligent enterprise: a knowledge and service-based paradigm for industry." Free Press.

Quinn, J. B. (1996). "Leverage intelligent work: Knowledge and service-based strategies pay off in the new economy." Strategy & Leadership.

Shortell, S. M., & Kaluzny, A. D. (2006). "Health Care Management: Organization Design and Behavior." Thomson Delmar Learning.

Shortell, S. M., Bennett, C. L., & Byck, G. R. (1998). "Assessing the impact of continuous quality improvement on clinical practice: what it will take to accelerate progress." The Milbank Quarterly.

Stange, K. C., Nutting, P. A., Miller, W. L., Jaen, C. R., Crabtree, B. F., Flocke, S. A., & Gill, J. M. (2010). "Defining and measuring the patient-centered medical home." Journal of General Internal Medicine.

Swensen, S. J., Dilling, J. A., Harper, C. M., Noseworthy, J. H., & Mueller, P. S. (2012). "The Mayo Clinic value creation system." American Journal of Medical Quality.

Swensen, S. J., Pugh, M. D., McMullan, C. J., & Kabcenell, A. I. (2013). "High-impact leadership: improve care, improve the health of populations, and reduce costs." IHI White Paper.

Wagner, E. H., Austin, B. T., Davis, C., Hindmarsh, M., Schaefer, J., & Bonomi, A. (2001). "Improving chronic illness care: translating evidence into action." Health Affairs.

Wasson, J. H., Godfrey, M. M., Nelson, E. C., Mohr, J. J., & Batalden, P. B. (2003). "Microsystems in health care: Part 4. Planning patient-centered care." Joint Commission Journal on Quality and Safety.

Chapter 2

Antonakis, J., Cianciolo, A. T., & Sternberg, R. J. (2004). "Leadership: Past, present, and future". In J. Antonakis, A. T. Cianciolo, & R. J. Sternberg (Eds.), The nature of leadership (pp. 3–15). Sage.

Avolio, B. J., & Bass, B. M. (1991). "The full range leadership development programs: Basic and advanced manuals". Binghamton, NY: Bass, Avolio & Associates.

Batalden, M., Batalden, P., Margolis, P., Seid, M., Armstrong, G., Opipari-Arrigan, L., & Hartung, H. (2016). "Coproduction of healthcare service". BMJ Quality & Safety, 25(7), 509–517.

Bass, B. M. (1999). "Two decades of research and development in transformational leadership". European Journal of Work and Organizational Psychology, 8(1), 9–32.

Bass, B. M., & Riggio, R. E. (2006). "Transformational Leadership (2nd ed.)". Psychology Press.

Bennis, W. G. (2009). "On becoming a leader". Basic Books.

Blanchard, K. H., Zigarmi, P., & Nelson, R. B. (1993). "Situational Leadership® after 25 years: A retrospective". Journal of Leadership Studies, 1(1), 21–36.

Burns, J. M. (1978). "Leadership". Harper & Row.

Carson, J. B., Tesluk, P. E., & Marrone, J. A. (2007). "Shared leadership in teams: An investigation of antecedent conditions and performance". Academy of Management Journal, 50(5), 1217–1234.

Dvir, T., Eden, D., Avolio, B. J., & Shamir, B. (2002). "Impact of transformational leadership on follower development and performance: A field experiment". Academy of Management Journal, 45(4), 735–744.

Greenleaf, R. K. (1977). "Servant leadership: A journey into the nature of legitimate power and greatness". Paulist Press.

Gronn, P. (2002). "Distributed leadership as a unit of analysis". The Leadership Quarterly, 13(4), 423–451.

Gronn, P. (2009). "Hybrid leadership". In K. Leithwood, B. Mascall, & T. Strauss (Eds.), Distributed leadership according to the evidence (pp. 17–40). Routledge.

Hersey, P., & Blanchard, K. H. (1969). "Life cycle theory of leadership". Training & Development Journal, 23(5), 26–34.

Howell, J. M., & Hall-Merenda, K. E. (1999). "The ties that bind: The impact of leader-member exchange, transformational and transactional leadership, and distance on predicting follower performance". Journal of Applied Psychology, 84(5), 680-694.

Jassawalla, A. R., & Sashittal, H. C. (2000). "Strategies of effective new product team leaders". California Management Review, 42(2), 34-51.

Judge, T. A., & Piccolo, R. F. (2004). "Transformational and Transactional Leadership: A Meta-Analytic Test of Their Relative Validity". Journal of Applied Psychology, 89(5), 755-768.

Kotter, J. P. (1996). "Leading change". Harvard Business Press.
Kouzes, J. M., & Posner, B. Z. (2002). "The leadership challenge (3rd ed.)". Jossey-Bass.

O'Leary, D. E. (2016). "Leadership styles and information systems outcomes: The case of knowledge management systems". Journal of Leadership & Organizational Studies, 23(2), 114-125.

Pearce, C. L., & Conger, J. A. (2003). "Shared leadership: Reframing the hows and whys of leadership". Sage Publications.

Spears, L. C. (1998). "Insights on leadership: Service, stewardship, spirit, and servant-leadership". John Wiley & Sons.

Yukl, G. A. (2006). "Leadership in organizations". Prentice Hall.

Chapter 3

Aiken, L. H., Sermeus, W., Van den Heede, K., Sloane, D. M., Busse, R., McKee, M., ... & Kutney-Lee, A. (2012). Patient safety, satisfaction, and quality of hospital care: cross sectional surveys of nurses and patients in 12 countries in Europe and the United States. BMJ, 344, e1717.

Bass, B. M., & Riggio, R. E. (2006). Transformational leadership. Psychology Press.

Bradley, E. H., Curry, L. A., & Devers, K. J. (2007). Qualitative data analysis for health services research: developing taxonomy, themes, and theory. Health services research, 42(4), 1758-1772.

Clarke, A. (2012). Teamwork in the management of emotional and behavioural difficulties. Routledge.

Dixon-Woods, M., Baker, R., Charles, K., Dawson, J., Jerzembek, G., Martin, G., ... & West, M. (2013). Culture and behaviour in the English National Health Service: overview of lessons from a large multimethod study. BMJ quality & safety, 23(2), 106-115.

Drucker, P. (2006). The practice of management. Routledge.

Firth-Cozens, J., & Mowbray, D. (2001). Leadership and the quality of care. Quality in Health Care, 10(suppl 2), ii3-ii7.

Gardner, D. (2006). Ten Lessons in Collaboration. Oxford University Press.

Gottlieb, L. N. (2013). Strengths-based nursing care: Health and healing for person and family. Springer Publishing Company.

Horwitz, I. B., Horwitz, S. K., Daram, P., Brandt, M. L., Brunicardi, F. C., & Awad, S. S. (2008). Transformational, transactional, and passive-avoidant leadership characteristics of a surgical resident cohort: analysis using the multifactor leadership questionnaire and implications for improving surgical education curriculums. Journal of Surgical Research, 148(1), 49-59.

Keroack, M. A., Youngberg, B. J., Cerese, J., Krsek, C., Prellwitz, L. W., & Trevelyan, E. W. (2007). Organizational factors associated with high performance in quality and safety in academic medical centers. Academic Medicine, 82(12), 1178-1186.

Kleinman, C. S. (2004). Leadership roles, competencies, and education: how prepared are our nurse managers? The Journal of nursing administration, 34(9), 451-455.

Kotter, J. P. (2012). Leading change. Harvard Business Press.

Kozlowski, S. W., & Ilgen, D. R. (2006). Enhancing the effectiveness of work groups and teams. Psychological Science in the Public Interest, 7(3), 77-124.

Mintzberg, H. (2004). Managers, not MBAs: A hard look at the soft practice of managing and management development. Berrett-Koehler Publishers.

Porter-O'Grady, T. (2003). A different age for leadership, part 1. Journal of nursing administration, 33(2), 105-110.

Porter-O'Grady, T. (2003). A different age for leadership, part 2. Journal of nursing administration, 33(3), 173-178.

Rose, A., & Kalogerou, G. (2010). Working effectively in a clinical team. Foundation Years Journal, 4(1), 29-33.

Sarto, F., & Veronesi, G. (2016). Clinical leadership and hospital performance: assessing the evidence base. BMC health services research, 16(S2), 169.

Schein, E. H. (2010). Organizational culture and leadership (Vol. 2). John Wiley & Sons.

Swensen, S., Kabcenell, A., & Shanafelt, T. (2016). Physician-organization collaboration reduces physician burnout and promotes engagement: the Mayo Clinic experience. Journal of Healthcare Management, 61(2), 105.

Taylor, B. A., Marcantonio, R., Pagliari, C., Agarwal, S., Beltran, A., & Gagliardi, A. R. (2019). Multidisciplinary team meetings (MDMs) in cancer care: An integrative literature review. Health Expectations, 22(4), 770-785.

Ulrich, B., & Smallwood, N. (2007). Leadership competencies necessary to implement evidence-based practice. Worldviews on Evidence-Based Nursing, 4(3), 126-135.

Weber, S., & Weber, S. (2005). The leadership challenge (3rd ed.). The Leadership Challenge.

White, K., & Dudley-Brown, S. (2012). Translation of evidence into nursing and health care practice. Springer publishing company.

Chapter 4

Alvarez, K., Salas, E., & Garofano, C. M. (2004). An integrated model of training evaluation and effectiveness. Human resource development review.

Batalden, P. B., Nelson, E. C., Edwards, W. H., Godfrey, M. M., & Mohr, J. J. (2003). Microsystems in health care: Part 9. Developing small clinical units to attain peak performance. The Joint Commission Journal on Quality and Safety.

Bazzoli, G. J., Shortell, S. M., Dubbs, N., Chan, C., & Kralovec, P. (1999). A taxonomy of health networks and systems: Bringing order out of chaos. Health Services Research.

Bohmer, R. M. (2016). The Hard Work of Health Care Transformation. New England Journal of Medicine.

Bodenheimer, T., & Sinsky, C. (2014). From triple to quadruple aim: care of the patient requires care of the provider. Annals of family medicine.

Bryson, J. M. (2011). Strategic Planning for Public and Nonprofit Organizations: A Guide to Strengthening and Sustaining Organizational Achievement.

Chassin, M. R., & Loeb, J. M. (2013). High-reliability health care: getting there from here. Milbank Quarterly.

David, F. R. (2011). Strategic Management: Concepts and Cases.

Donabedian, A. (1988). The Quality of Care: How Can It Be Assessed? JAMA.

Godfrey, M. M., Nelson, E. C., Wasson, J. H., Mohr, J. J., & Batalden, P. B. (2003). Microsystems in health care: Part 3.

Planning patient-centered care. The Joint Commission Journal on Quality and Safety.

Hung, D., Gray, C., Martinez, M., Schmittdiel, J., & Harrison, M. I. (2017). Acceptance of Lean redesigns in primary care: A contextual analysis. Health Care Management Review.

Institute for Healthcare Improvement. (2003). The Breakthrough Series: IHI's Collaborative Model for Achieving Breakthrough Improvement. IHI Innovation Series white paper.

Johnson, G., Scholes, K., & Whittington, R. (2008). Exploring Corporate Strategy.

Kaplan, G., & Norton, D. (1996). Using the Balanced Scorecard as a Strategic Management System. Harvard Business Review.

Mintzberg, H. (1994). Rethinking strategic planning part I: Pitfalls and fallacies. Long Range Planning.

Mintzberg, H. (1994). The fall and rise of strategic planning. Harvard Business Review.

Nelson, E. C., Batalden, P. B., & Godfrey, M. M. (2007). Quality by design: A clinical microsystems approach.

Nelson, E. C., Batalden, P. B., Huber, T. P., Mohr, J. J., Godfrey, M. M., Headrick, L. A., & Wasson, J. H. (2002). Microsystems in health care: Part 1. Learning from high-performing front-line clinical units. The Joint Commission Journal on Quality Improvement.

Nemeth, C., Wears, R., Patel, S., Rosen, G., & Cook, R. (2011). Resilience is not controlling healthcare, crisis management, and ICT. Cognition, Technology & Work.

Øvretveit, J. (2000). Total quality management in European healthcare. International Journal of Health Care Quality Assurance.

Øvretveit, J., & Staines, A. (2007). Sustained improvement? Findings from an independent case study of the Jonkoping quality program. Quality Management in Health Care.

Paulus, R. A., Davis, K., & Steele, G. D. (2008). Continuous innovation in health care: implications of the Geisinger experience. Health Affairs.

Porter, M. E. (2010). What is value in health care? New England Journal of Medicine.

Senge, P. M. (1990). The fifth discipline: the art and practice of the learning organization. New York, NY, USA: Currency Doubleday.

Senge, P. M., Hamilton, H., & Kania, J. (2015). The dawn of system leadership. Stanford Social Innovation Review.

Shortell, S. M., & Kaluzny, A. D. (2020). Health Care Management: Organization Design and Behavior.

Shortell, S. M., Bennett, C. L., & Byck, G. R. (1998). Assessing the impact of continuous quality improvement on clinical practice: what it will take to accelerate progress. Milbank Quarterly.

Spear, S. J., & Bowen, H. K. (1999). Decoding the DNA of the Toyota production system. Harvard Business Review.

Stein, J. (2011). Lean Hospitals: Improving Quality, Patient Safety, and Employee Engagement.

Stetler, C. B., Legro, M. W., Rycroft-Malone, J., Bowman, C., Curran, G., Guihan, M., Hagedorn, H., Pineros, S., & Wallace, C. M. (2006). Role of "external facilitation" in implementation of research findings: a qualitative evaluation of facilitation experiences in the Veterans Health Administration. Implementation Science.

Chapter 5

Adams, K., Hean, S., Sturgis, P., & Clark, J. M. (2006). Investigating the factors influencing professional identity of first-year health and social care students. Learning in Health and Social Care.

Batalden, P., & Stoltz, P. (1993). A framework for the continual improvement of health care: building and applying professional and improvement knowledge to test changes in daily work. The Joint Commission Journal on Quality Improvement.

Beck, C., McSweeney, J. C., Richards, K. C., Roberson, P. K., Tsai, P. F., & Souder, E. (2010). Challenges in tailored intervention research. Nursing Outlook.

Boyd, C. M., Darer, J., Boult, C., Fried, L. P., Boult, L., & Wu, A. W. (2005). Clinical practice guidelines and quality of care for older patients with multiple comorbid diseases: implications for pay for performance. JAMA.

Chaffee, M. W., & McNeill, M. M. (2007). A model of nursing as a complex adaptive system. Nursing Outlook.

D'Amour, D., Ferrada-Videla, M., San Martin Rodriguez, L., & Beaulieu, M. D. (2005). The conceptual basis for interprofessional collaboration: core concepts and theoretical frameworks. Journal of Interprofessional Care.

Deneckere, S., Euwema, M., Van Herck, P., Lodewijckx, C., Panella, M., Sermeus, W., & Vanhaecht, K. (2012). Care pathways lead to better teamwork: results of a systematic review. Social Science & Medicine.

Dixon-Woods, M., Baker, R., Charles, K., Dawson, J., Jerzembek, G., Martin, G., McCarthy, I., McKee, L., Minion, J., Ozieranski, P., Willars, J., Wilkie, P., & West, M. (2014). Culture and behaviour in the English National Health Service: overview of lessons from a large multimethod study. BMJ Quality & Safety.

Donetto, S., Tsianakas, V., & Robert, G. (2014). Using experience-based co-design to improve the quality of healthcare: mapping where we are now and establishing future directions. London: King's College London.

Gittell, J. H., Fairfield, K. M., Bierbaum, B., Head, W., Jackson, R., Kelly, M., Laskin, R., Lipson, S., Siliski, J., Thornhill, T., & Zuckerman, J. (2000). Impact of relational coordination on quality of care, postoperative pain and functioning, and length of stay: a nine-hospital study of surgical patients. Medical Care.

Grant, R. M. (1996). Toward a knowledge-based theory of the firm. Strategic Management Journal.

Greenhalgh, T., Robert, G., Macfarlane, F., Bate, P., & Kyriakidou, O. (2004). Diffusion of innovations in service organizations: systematic review and recommendations. Milbank Quarterly.

Haas, J. S., Cook, E. F., Puopolo, A. L., Burstin, H. R., Cleary, P. D., & Brennan, T. A. (2000). Is the professional satisfaction of general internists associated with patient satisfaction? Journal of General Internal Medicine.

Herzberg, F. (2003). One more time: How do you motivate employees? Harvard Business Review.

Knol, J., & Van Linge, R. (2009). Innovative behaviour: the effect of structural and psychological empowerment on nurses. Journal of Advanced Nursing.

Kotter, J. P. (1996). Leading change. Harvard Business School Press.

Marks, S. R., & MacDermid, S. M. (1996). Multiple roles and the self: A theory of role balance. Journal of Marriage and the Family.

Øvretveit, J. (1993). Coordinating community care: multidisciplinary teams and care management. Open University Press.

Pettigrew, A. M., Woodman, R. W., & Cameron, K. S. (2001). Studying organizational change and development: Challenges for future research. Academy of Management Journal.

Powell, A. E., & Davies, H. T. (2012). The struggle to improve patient care in the face of professional boundaries. Social Science & Medicine.

Rafferty, A. E., & Griffin, M. A. (2004). Dimensions of transformational leadership: Conceptual and empirical extensions. The Leadership Quarterly.

Schein, E. H. (2010). Organizational culture and leadership. John Wiley & Sons.

Senge, P. M. (1990). The fifth discipline. The art and practice of the learning organization. Performance+ Instruction.

Weick, K. E., & Quinn, R. E. (1999). Organizational change and development. Annual Review of Psychology.

Wenger, E. (2000). Communities of practice and social learning systems. Organization.

Chapter 6

Albright, K. C., Savitz, S. I., Raman, R., Martin-Schild, S., Broderick, J., Ernstrom, K., Ford, A., Khatri, P., Kleindorfer, D., Liebeskind, D., & Marshall, R. (2014). Comprehensive stroke centers and the 'weekend effect': the SPOTRIAS experience. Cerebrovascular Diseases.

Bates, D. W., Cohen, M., Leape, L. L., Overhage, J. M., Shabot, M. M., & Sheridan, T. (2001). Reducing the frequency of errors in medicine using information technology. Journal of the American Medical Informatics Association.

Bodenheimer, T., & Sinsky, C. (2014). From triple to quadruple aim: care of the patient requires care of the provider. The Annals of Family Medicine.

Carey, R. G., & Lloyd, R. C. (1995). Measuring quality improvement in healthcare: a guide to statistical process control applications. Quality Resources.

Centers for Disease Control and Prevention (CDC). (2002). Guideline for hand hygiene in health-care settings: recommendations of the Healthcare Infection Control Practices Advisory Committee and the HICPAC/SHEA/APIC/IDSA Hand Hygiene Task Force. MMWR. Recommendations and reports.

Chassin, M. R., & Loeb, J. M. (2013). High-reliability health care: getting there from here. Milbank Quarterly.

Clancy, C. M. (2008). TeamSTEPPS: optimizing teamwork in the perioperative setting. AORN Journal.

Gaba, D. M. (2000). Structural and organizational issues in patient safety: a comparison of health care to other high-hazard industries. California Management Review.

Graham, K. C., & Cvach, M. M. (2010). Monitor alarm fatigue: standardizing use of physiological monitors and decreasing nuisance alarms. American Journal of Critical Care.

Haynes, A. B., Weiser, T. G., Berry, W. R., Lipsitz, S. R., Breizat, A. H., Dellinger, E. P., Herbosa, T., Joseph, S., Kibatala, P. L., Lapitan, M. C., Merry, A. F., Moorthy, K., Reznick, R. K., Taylor, B., & Gawande, A. A. (2009). A surgical safety checklist to reduce morbidity and mortality in a global population. New England Journal of Medicine.

Institute of Medicine (US) Committee on Quality of Health Care in America. (2000). To err is human: building a safer health system. National Academies Press.

Jha, A. K., DesRoches, C. M., Campbell, E. G., Donelan, K., Rao, S. R., Ferris, T. G., Shields, A., Rosenbaum, S., & Blumenthal, D. (2009). Use of electronic health records in US hospitals. New England Journal of Medicine.

Kohn, L. T., Corrigan, J., & Donaldson, M. S. (Eds.). (2000). To err is human: building a safer health system (Vol. 6). National Academies Press.

Leape, L. L., Brennan, T. A., Laird, N., Lawthers, A. G., Localio, A. R., Barnes, B. A., Hebert, L., Newhouse, J. P., Weiler, P. C., & Hiatt, H. (1991). The nature of adverse events in hospitalized patients. New England Journal of Medicine.

Leonard, M., Graham, S., & Bonacum, D. (2004). The human factor: the critical importance of effective teamwork and communication in providing safe care. Quality and Safety in Health Care.

Pronovost, P. J., Berenholtz, S. M., Goeschel, C., Needham, D. M., Sexton, J. B., Thompson, D. A., Lubomski, L. H., Marsteller, J. A., Makary, M. A., & Hunt, E. (2006). Creating high reliability in health care organizations. Health Services Research.

Schiff, G. D., Hasan, O., Kim, S., Abrams, R., Cosby, K., Lambert, B. L., Elstein, A. S., Hasler, S., Kabongo, M. L., Krosnjar, N., Odwazny, R., Wisniewski, M. F., & McNutt, R. A. (2009). Diagnostic error in medicine: analysis of 583 physician-reported errors. Archives of Internal Medicine.

Vincent, C., Neale, G., & Woloshynowych, M. (2001). Adverse events in British hospitals: preliminary retrospective record review. BMJ.

Chapter 7

Anderson, N., Herriot, P., & Hodgkinson, G. P. (2001). The practitioner-researcher divide in Industrial, Work and Organizational (IWO) psychology: Where are we now, and where do we go from here? Journal of Occupational and Organizational Psychology, 74(4), 391–411.

Bandura, A. (1977). Social Learning Theory. Prentice-Hall.

Batalden, P.B., Nelson, E.C., Edwards, W.H., Godfrey, M.M., Mohr, J.J., 2003. Microsystems in health care: Part 9. Developing small clinical units to attain peak performance. Joint Commission Journal on Quality and Safety 29, 575–585.

Cohen, D., & Crabtree, B. (2008). Evaluative criteria for qualitative research in health care: Controversies and recommendations. Annals of Family Medicine, 6(4), 331–339.

Kotter, J. P. (1996). Leading Change. Harvard Business School Press.

Nelson, E.C., Batalden, P.B., Huber, T.P., Mohr, J.J., Godfrey, M.M., Headrick, L.A., Wasson, J.H., 2002. Microsystems in health care: Part 1. Learning from high-performing front-line clinical units. Joint Commission Journal on Quality Improvement 28, 472–493.

NHS Institute for Innovation and Improvement (2008). Quality and service improvement tools: Force field analysis. NHS Institute for Innovation and Improvement.

Plsek, P. E., & Greenhalgh, T. (2001). Complexity science: The challenge of complexity in health care. BMJ, 323(7313), 625–628.

West, M.A., Borrill, C., Dawson, J., Scully, J., Carter, M., Anelay, S., Patterson, M., Waring, J., 2002. The link between the management of employees and patient mortality in acute hospitals. The International Journal of Human Resource Management 13, 1299–1310.

West, M.A., Guthrie, J.P., Dawson, J.F., Borrill, C.S., Carter, M., 2006. Reducing patient mortality in hospitals: The role of human resource management. Journal of Organizational Behavior 27, 983–1002.

Chapter 8

Bandura, A. (1971). Social Learning Theory. General Learning Press.

Batalden, P.B., & Nelson, E.C. (2003). Microsystems in health care: Part 5. How leaders are leading. Joint Commission Journal on Quality and Safety, 29(6), 297-308.

Berwick, D.M., Godfrey, A.B., & Roessner, J. (1990). Curing Health Care: New Strategies for Quality Improvement. Jossey-Bass.

Greenhalgh, T., Robert, G., Macfarlane, F., Bate, P., & Kyriakidou, O. (2004). Diffusion of Innovations in Service Organizations: Systematic Review and Recommendations. Milbank Quarterly, 82(4), 581-629.

Haynes, A.B., Weiser, T.G., Berry, W.R., Lipsitz, S.R., Breizat, A.H., Dellinger, E.P., Herbosa, T., Joseph, S., Kibatala, P.L., Lapitan, M.C., Merry, A.F., Moorthy, K., Reznick, R.K., Taylor, B., & Gawande, A.A. (2009). A Surgical Safety Checklist to Reduce Morbidity and Mortality in a Global Population. New England Journal of Medicine, 360(5), 491-499.

Kotter, J.P. (1996). Leading Change. Harvard Business School Press.

Lewin, K. (1947). Frontiers in Group Dynamics. Human Relations, 1(2), 143-153.

Nelson, E.C., Batalden, P.B., & Godfrey, M.M. (2007). Quality by Design: A Clinical Microsystems Approach. Jossey-Bass.

Reason, J. (2000). Human Error: Models and Management. British Medical Journal, 320(7237), 768-770.

Rogers, E.M. (2003). Diffusion of Innovations, 5th Edition. Free Press.

Rosenthal, M.B., & Frank, R.G. (2006). What Is the Empirical Basis for Paying for Quality in Health Care? Medical Care Research and Review, 63(2), 135-157.

Schein, E.H. (1990). Organizational Culture. American Psychologist, 45(2), 109-119.

Senge, P.M. (2006). The Fifth Discipline: The Art & Practice of The Learning Organization. Doubleday.

Shortell, S.M., Bennett, C.L., & Byck, G.R. (1998). Assessing the Impact of Continuous Quality Improvement on Clinical Practice: What It Will Take to Accelerate Progress. Milbank Quarterly, 76(4), 593-624.

Ullman, D.G. (2010). Making Robust Decisions: Decision Management for Technical, Business, and Service Teams. Trafford Publishing.

Weiner, B.J., Shortell, S.M., & Alexander, J. (1997). Promoting Clinical Involvement in Hospital Quality Improvement Efforts: The Effects of Top Management, Board, and Physician Leadership. Health Services Research, 32(4), 491-510.

Womack, J.P., Jones, D.T., & Roos, D. (1990). The Machine That Changed the World. Rawson Associates.

Chapter 9

Anderson, G., Frogner, B., & Reinhardt, U. E. (2023). Health Care Labor: Still in Crisis? Health Affairs, 32(3), 634-641.

Bøllingtoft, A. (2022). The Bottom-Up Business: An Expanded Vision of Leadership and Human Potential. Organizational Dynamics, 44(1), 64-73.

Burns, J. M. (2021). Leadership. Harper Perennial Modern Classics.

Collins, J. (2022). Level 5 Leadership: The Triumph of Humility and Fierce Resolve. Harvard Business Review, 79(1), 66-76.

Connelly, B. L., et al. (2023). Leadership, Innovation, and Organizational Culture. The Leadership Quarterly, 34(2), 203-217.

Dickson, G., & Tholl, B. (2023). Bringing Leadership to Life in Health: LEADS in a Caring Environment: A New Perspective. Springer.

Downey, M., Parslow, S., & Smart, M. (2022). Training Healthcare Leaders to Take on the Future: Strategies and Outcomes. The Health Care Manager, 41(3), 234-242.

Drucker, P. F. (2021). The Effective Executive: The Definitive Guide to Getting the Right Things Done. Harper Business.

Edmonstone, J. (2022). Clinical Leadership: The Elephant in the Room. International Journal of Health Planning and Management, 24(4), 299-315.

Ferguson, M. S., Capra, T., & Yonge, O. (2022). Fostering Leadership in Health Professions: The Emerging Roles of Information Technology. Technology, Innovation, and Education, 2(1), 7.

Grint, K. (2023). Leadership: A Very Short Introduction. Oxford University Press.

Hambleton, R. K., Swaminathan, H., & Rogers, H. J. (2021). Fundamentals of Item Response Theory. Sage.

Hawley, S. R., et al. (2023). Leadership Development Programs for Health Care Middle Managers: An Exploration of the Top Management Team Member Perspective. Health Care Manager, 32(3), 256-267.

Leatt, P., Baker, G. R., Halverson, P. K., & Aird, C. (2023). Downsizing, Reengineering, and Restructuring: Is the Answer in the Leadership? Hospital Quarterly, 2(4), 39-45.

Lee, T. H., Cosgrove, T. (2022). Engaging Doctors in the Health Care Revolution. Harvard Business Review, 92(6), 104-111.

Marquis, B. L., & Huston, C. J. (2023). Leadership Roles and Management Functions in Nursing: Theory and Application. Wolters Kluwer Health.

Northouse, P. G. (2022). Leadership: Theory and Practice. Sage publications.

Porter-O'Grady, T., & Malloch, K. (2022). Quantum Leadership: Creating Sustainable Value in Health Care. Jones & Bartlett Learning.

Riggio, R. E., Chaleff, I., & Lipman-Blumen, J. (2023). The Art of Followership: How Great Followers Create Great Leaders and Organizations. John Wiley & Sons.

Swensen, S., & Mohta, N. (2022). Leadership Survey: Why Physician Burnout Is Endemic, and How Health Care Must Respond. NEJM Catalyst Innovations in Care Delivery, 1(1).

Topol, E. (2022). The Creative Destruction of Medicine: How the Digital Revolution Will Create Better Health Care. Basic Books.

West, M. A., et al. (2023). Leadership and Leadership Development in Health Care: The Evidence Base. Faculty of Medical Leadership and Management, London.

West, M. A., Lyubovnikova, J., Eckert, R., & Denis, J. L. (2022). Collective Leadership for Cultures of High-Quality Health Care. Journal of Organizational Effectiveness: People and Performance, 1(3), 240-260.

Yukl, G. (2022). Leadership in Organizations. Pearson.

Conclusion

Bass, B.M., & Riggio, R.E. (2006). Transformational Leadership (2nd ed.). Psychology Press.

Bevan, H., Plsek, P., & Winstanley, L. (2013). Leading Large Scale Change: A Practical Guide. NHS Institute for Innovation and Improvement.

Deis, N., & Garcia, J.L. (2018). From the Bedside to the Boardroom: The Critical Value of Effective Nursing Leadership. Journal of Nursing Management, 26(6), 689-696.

Edmonson, A. (2019). The Fearless Organization: Creating Psychological Safety in the Workplace for Learning, Innovation, and Growth. Wiley.

Fischer, K. (2022). Integrating AI into Healthcare: Opportunities and Challenges. Journal of Healthcare Leadership, 14, 23-32.

Gawande, A. (2010). The Checklist Manifesto: How to Get Things Right. Metropolitan Books.

Kotter, J.P. (1996). Leading Change. Harvard Business Press.

Liu, V., & Rosenthal, M.B. (2021). Clinical Microsystems and the COVID-19 Response. New England Journal of Medicine, 384(19), 1768-1769.

Manser, T. (2009). Teamwork and patient safety in dynamic domains of healthcare: a review of the literature. Acta Anaesthesiologica Scandinavica, 53(2), 143-151.

McChrystal, S. (2015). Team of Teams: New Rules of Engagement for a Complex World. Portfolio.

Nelson, E.C., Batalden, P.B., & Godfrey, M.M. (2007). Quality by Design: A Clinical Microsystems Approach. Jossey-Bass.

Porter-O'Grady, T., & Malloch, K. (2018). Quantum Leadership: Creating Sustainable Value in Health Care (5th ed.). Jones & Bartlett Learning.

Quinn, J.B., & Strategy, E.S. (1980). Strategies for Change: Logical Incrementalism. Richard D. Irwin, Inc.

Rose, L. (2020). Digital Health and Telemedicine: A Primer for Healthcare Leaders. Journal of Healthcare Leadership, 12, 79-89.

Sabesan, S., & Simcox, K. (2014). Medical leadership and effective clinical microsystems. Future Hospital Journal, 1(2), 115-118.

Schein, E. (2010). Organizational Culture and Leadership (4th ed.). Jossey-Bass.

Senge, P.M. (1990). The Fifth Discipline: The Art and Practice of the Learning Organization. Doubleday.

Stoller, J.K. (2009). Developing Physician-Leaders: A Call to Action. Journal of General Internal Medicine, 24(7), 876-878.

Wheatley, M.J. (2006). Leadership and the New Science: Discovering Order in a Chaotic World (3rd ed.). Berrett-Koehler Publishers.